中国学经典精粹

字经·百家姓

文白对照·图文版

【宋】王应麟 著
韩星 编译

陕西新华出版 三秦出版社

图书在版编目（CIP）数据

三字经·百家姓 /（宋）王应麟著；韩星编译. —西安：三秦出版社，2018.1（2023.9 重印）

ISBN 978-7-5518-1746-2

Ⅰ. ①三… Ⅱ. ①王… ②韩… Ⅲ. ①古汉语—启蒙—读物 Ⅳ. ① H194.1

中国版本图书馆 CIP 数据核字（2017）第 328929 号

三字经·百家姓

[宋]王应麟　著　韩星　编译

出版发行	三秦出版社
社　　址	西安市雁塔区曲江新区登高路 1388 号
电　　话	（029）81205236
邮政编码	710061
印　　刷	河北鑫兆源印刷有限公司
开　　本	850mm × 1168mm　1/32
印　　张	5.5
字　　数	110 千字
版　　次	2018 年 6 月第 1 版
印　　次	2023 年 9 月第 2 次印刷
标准书号	ISBN 978-7-5518-1746-2
定　　价	28.00 元

网　　址　http://www.sqcbs.cn

前　言

《三字经》是我国古代的经典启蒙读物，三字成句，琅琅上口，其成书年代和作者难以确定，现多认为是南宋王应麟所作。《三字经》《百家姓》《千字文》合称“三、百、千”，是相辅相成的整套蒙学读本，《三字经》更是被称为“蒙学之冠”，在古代教育事业上可谓影响深远。

《三字经》的内容十分丰富，从几千年的历史文化知识、古时的伦理思想到识字教育，明白晓畅，里面的“苟不教，性乃迁”“养不教，父之过”等格言警句更是家喻户晓。现《三字经》已被联合国教科文组织列入《世界儿童道德教育丛书》。

《百家姓》是集中华姓氏于一书的蒙学识字读本，作者佚名。书中将表示姓氏的汉字以四言韵文的方式罗列，读来顺口，易于记诵，流传甚广。“赵钱孙李，周吴郑王”这样的句子几乎人人都能脱口诵出了。

目　录

三字经

【原文】

人之初，性本善〔1〕。性相近，习相远〔2〕。

【注释】

〔1〕初：初始，指人刚出生时。性：性情，本性。本：根本，原来。

〔2〕相近：相去不远。习：后天的习惯。远：相差。

【译文】

人在刚出生时，本性都是善良的，彼此相差不多，后天的习惯却差别很大。

【赏析】

孟子主张“性善论”，认为人出生伊始，就具备善良的品性，随着年龄的增长，在不同的环境中熏陶，每个人的差别越来越大。荀子主张“性恶论”，认为人自呱呱坠地就是自私而邪恶的，随着年龄不断增长，人变得成熟而有理智。孟子与荀子的主张是殊途同归的。人出生，既是自私的，也是善良的。孩子的天真是他的善良，但孩子的贪欲又是他的邪恶。孟子和荀子只说明了人身各自不同的一个侧面，但共同的一点就是后天教育与成长环境的影响，即所谓“习相远”。

【原文】

苟不教，性乃迁〔1〕。教之道，贵以专〔2〕。

【注释】

〔1〕苟：如果、假如。乃：于是。迁：变化。

〔2〕道：方法、道理。贵：注重、重视。以：在于。

【译文】

如果不从小进行教育，孩子的本性就会改变。教育孩子最好的方法，就是教导孩子要专心致志，持之以恒。

【赏析】

一个人是否成才，是成为一个品德优良的君子，还是成为一个道德败坏的小人，这与家庭教育和社会教育有莫大关系。教育对一个孩子的成长至关重要，百年大计，教育为本；十年树木，百年树人。很多成功人士在回忆起自己的父母和恩师时，都感慨良多。一个底子再好的孩子，不教育的话也不可能成才；一棵再好的苗子，若不施肥，也不会茁壮成长。

“教之道，贵以专”，对孩子的教育要专注，时刻不能松懈。毛泽东教育毛岸英的时候，严嘱毛岸英要写日记来记录每日的进步情况。学习如逆水行舟，不进则退。有的人自小受到良好的教育，表现出了异于常人的禀赋。但长大后，由于缺乏教育，最后泯然众人，方仲永就是个典型的例子。“贵以专”不仅要求对孩子的教育要持之以恒，更是强调学习只有专注才能获得真知，所谓“一心不可二用”说的就是只有专注才能取得成绩，无论是对教育者还是受教育者来说都是适用的。一旦杂而不专，教育就取不到良好的效果，学习也得不到预期的成效。

【原文】

昔孟母，择邻处〔1〕。子不学，断机杼〔2〕。

【注释】

〔1〕昔：从前。孟母：孟子的母亲。孟子姓孟名轲，是战国时期著名思想家，儒家代表人物。相传孟子早年丧父，其母为引导儿子学习，曾三次迁居，最后在一所学校旁定居下来。邻：邻居。处：相处、居处。

〔2〕子：即孟子。机：指织布机。杼：牵纱的梭子。

【译文】

古时候，孟子的母亲，为了使儿子有个良好的学习环境，几次搬家选择合适的邻居来相处。一次，孟子逃学，孟母气愤地把织好的布剪断，以此告诫孟子学习不可半途而废。

【赏析】

孟 子

“昔孟母，择邻处”讲的是教育环境对一个人的重要影响；“近朱者赤，近墨者黑”说的就是这个道理。孟子之所以成为历史上有名的大学问家，与母亲的严格教育和周边环境是分不开的。孟子家原来住的地方离坟地很近，那里经常会有送葬出殡的人；孟子看了，就去模仿人家出殡打幡、哭丧祭拜。之后孟母搬到了城镇居住，但这里对着铁匠铺和屠夫，孟子回家后不是学打铁，就是学杀猪，孟母再次决定搬家。终于搬到了一个学堂附近，周围都是读书人，人们举止文雅，学堂不时传来朗朗读书声，孟子便也学着读书识礼，孟母见儿子如此才放下心来。这就是孟母择邻的故事，强调了成长环境对一个人的影响。

“子不学，断机杼”是说孟子有一次逃学回家，孟母拿剪刀将织布机上就要织好的布剪断了，教育孟子学习也要像织布一样，努力用功，持之以恒，经过长时间的累积，才能有所成就。否则就像剪断了的布一样，一旦中断就难以再续。

【原文】

窦燕山，有义方〔1〕。教五子，名俱扬〔2〕。

【注释】

〔1〕窦燕山：五代后周人，名禹钧。传说窦燕山教子有方，使五子齐登科甲。有侍郎冯道赠诗云：“燕山窦十郎，教子以义方。”义方：好方法。

〔2〕名：名誉、名声。扬：传扬、传播。

【译文】

窦燕山教育孩子有好的方法。他所教育的五个孩子，都学有所成，名扬四海。

【赏析】

窦燕山是五代时的名士，名叫窦禹钧，他的老家在北京燕山附近，所以人称窦燕山。窦燕山为人乐善好施，对子女教育更是非常重视。传说其家中男不乱入，女不乱出，男为君子，女为淑女，长幼有序，尊卑分明，家庭和睦，子孝孙贤。他的五个儿子窦仪、窦俨、窦侃、窦偁、窦僖在他的谆谆教导下皆学有所成，都科场高中，光耀了门楣。这与窦燕山的严格教育有很大的关系。

窦燕山在教子上有礼有节，有义有方，终使孩子们都成为栋梁之才。近代的曾国藩，也堪称教育的典范。他在家中严格要求儿孙们克己复礼、谨言慎行、刻苦攻读，莫要以为家业之大而横行乡里，莫要因家庭之旺而蔑视他人，所以子孙也都有所成就。

【原文】

养不教，父之过〔1〕。教不严，师之惰〔2〕。

【注释】

〔1〕不教：不加以教导。过：过错。

〔2〕惰：怠惰，这里指失职。

【译文】

生养子女却不给子女良好的教育，这是父亲的过错。教育学生没有严格要求，这是老师的失职。

【赏析】

父母对孩子的成长起着至关重要的作用。岳母给岳飞刺字“精忠报国”，岳飞终成一代名将；欧阳修的母亲自小教欧阳修在沙土上写字，欧阳修终成一代文豪。“教不严，师之惰”，一个人成才与否除了与父母关系重大外，与授业恩师的关系，也非常重要。严师往往出高徒。

但家教与师教并不是两个孤立的个体，它们只有作为一个有机体，相互结合才能更好地发挥作用。家教是最重要也是最基础的教育，叫扎根教育。师教是更高层次的系统性的教育，是对家教的发展和升华。二者相辅相成，不能顾此失彼。

【原文】

子不学，非所宜〔1〕。幼不学，老何为〔2〕。

【注释】

〔1〕子：为人之子。不学：不肯读书。宜：应该，适当。

〔2〕何为：做什么。

【译文】

小孩子不好好学习，是很不应该的。如果一个人小的时候不努力读书学习，那么长大以后还能有什么作为呢？

【赏析】

人生的大好时光，正在青春年少之时，“劝君莫惜金缕衣，劝君惜取少年时。花开堪折直须折，莫待无花空折枝”。学习本身不是一蹴而就的，而是一个长期积累的过程。厚积才能薄发，千万不要轻视年少时的点滴努力和积累。不积跬步，无以致千里；不积小流，无以成江海。大多数老有所成、功成名就之人都是在少年时就已经打下了坚实的基础。毛泽东在湖南图书馆每日专门读书，一读就是半年时间。李白少年时，见一老妪以铁棒磨针，甚为惊讶才有所感悟，立誓发奋读书，终于成为一代诗仙。只有在少年时期立大志，勤于学习的人，才会有大成。

【原文】

玉不琢，不成器〔1〕。人不学，不知义〔2〕。

【注释】

〔1〕琢：雕琢。器：指器物。

〔2〕义：义理、道理。

【译文】

一块玉石不经过雕琢，不能成为精美的玉器。一个人如果不努力学习，就不会懂得知识和道理。

【赏析】

古时，楚国有个人叫卞和，在山上得到一块璞玉，献给楚厉王说这是一块美玉。楚王命玉工查看，玉工却说只是块石头，楚王下令砍掉了卞和的一只脚。楚王的儿子继位之后，卞和又进献璞玉，又因玉工的相同判断而被砍掉了另一只脚。之所以导致这样的结果，是因为卞和所献的是未经雕琢的璞玉。但这块璞玉经雕琢后，终于变成了著名的“和氏璧”。人也是这样，任凭你胸怀大志，也应不断磨炼学习，才能真正成才、成器。“人不学，不知义”，玉的光泽是雕琢出来的，人的礼仪和知识是学出来的。求学之心就犹如璞玉的质，而才华仿若雕刻的光泽，知识和礼仪的学习就犹如刻工的雕刻过程。要想让自己的人生发出光彩就必须努力而刻苦地学习。

【原文】

为人子，方少时〔1〕。亲师友，习礼仪〔2〕。

【注释】

〔1〕子：孩子。方：正当，刚，正值。少时：小时候。

〔2〕亲：亲近。师：良师。友：益友。礼仪：礼节仪态。

【译文】

为人子女，在小的时候，就应当多多亲近良师益友，从他们那里学习为人处世的礼节和知识。

【赏析】

人生的黄金时期是少年时期，这个时期的人意气风发，朝气蓬勃，精力充沛，正是学习的大好时机，大部分人的基础都是在此时打下的。由少而看老，一个人小时候如果受到正确的教导，发奋读书，那么年龄增大之后，往往做事如鱼得水，知书达礼，成为一个受人尊敬的仁人君子。

很多人在某行业做出的重要功绩，多缘于小时候所受的熏陶和教育，其中家庭教育和学校教育是最关键的。人们常言“虎父无犬子”“将门出将子”，说的就是家庭教育的重要。“名师出高徒”说的是学校教育的重要。

【原文】

香九龄，能温席〔1〕。孝于亲，所当执〔2〕。

【注释】

〔1〕香：黄香，东汉时的江夏（今湖北）人，以孝顺闻名。龄：岁。

〔2〕亲：指父母。执：遵循，做到。

【译文】

东汉黄香九岁的时候，就知道冬天用自己的身体为父母温暖枕席。孝敬自己的父母，这是每个做儿女的应该做的事。

【赏析】

黄香扇枕温衾

黄香是东汉时江夏人，在他九岁的时候，母亲病逝，只有父亲和他相依为命。夏天，天气闷热，黄香用扇子把席扇凉，才让父亲入睡。冬天，天气寒冷，他先在父亲的被子中把被子焐暖，然后再让父亲安睡。黄香自小就有这样的孝心，因此人称“天下无双，江夏黄童”，黄香的孝行也被列入“二十四孝”之首。孝顺父母，本应是为人子者应当做的，所以说：“孝于亲，所当执。”孝乃百善之首，“黄香温席”本是毫不起眼的一件小事，但以黄香当时的年龄，能做出这样的“小事”更体现出了黄香心灵的美。在今天仍有很大的借鉴意义。

【原文】

融四岁，能让梨〔1〕。弟于长，宜先知〔2〕。

【注释】

〔1〕融：孔融，东汉时鲁国（今山东）人，“建安七子”之一。

〔2〕弟：通“悌”，指尊重兄长。长：兄长。

【译文】

孔融四岁的时候，就知道把大梨让给哥哥吃。这种尊敬兄长和友爱谦让的道理，是每个人从小就应该知道的。

【赏析】

孔融，字文举，山东曲阜人。孔融四岁时，有邻人给他家送来一筐梨子。孔融把个大的梨子让给哥哥，自己只拣了个最小的。孔融四岁之龄，深知谦让之理，手足和睦之情，事情虽小，意义却重。孔融是“建安七子”之一，为人好学，秉性刚正，为汉末名士，曾任北海相。然而他一生流传最为经典的事，还是小时候“让梨”的故事。“弟于长，宜先知”，人们从小就应该培养这种谦恭礼让的优良品质。从尊敬友爱兄长开始培养自己的爱心，以友善的态度对待他人，同样也会获得别人友善的回报。

【原文】

首孝弟，次见闻〔1〕。知某数，识某文〔2〕。

【注释】

〔1〕首：为首，首要。孝：孝敬父母。次：其次。见闻：学习看到和听到的知识。

〔2〕知：知道，了解。某：指代人或事情。数：数目。文：文理，文字，文章。

【译文】

一个人首先要孝敬父母、尊敬兄长，其次要学习看到和听到的知识，并且要掌握基本的数学知识以及认识文字、学习文理。

【赏析】

“孝悌”是做人的基础，也是做学问的基础。黄香温席是“孝”的表现，孔融让梨是“悌”的表现，朱熹说过“善事父母为孝，善事兄长为悌”，这就是先圣先贤定下来的道德规范。有坚实的品德做后盾，知识和才华才能用于正途，这个顺序是不能颠倒的。

“知某数，识某文”是说儿童少年要从“知数”“识文”开始。

【原文】

一而十，十而百〔1〕。百而千，千而万。

【注释】

〔1〕一：数之始。十：数之终。而：到。

【译文】

数字从一开始，一到十是基本数字，十个十就是一百，十个一百就是一千，十个一千就是一万，一直累计下去。

【赏析】

此句承接上文的“知某数”，这句讲的是中国的数字，中国的计数方式采用十进制，一到十看起来简单，但却有无穷无尽的变化。《汉书·律历志》说：“数者，一，十，百，千，万也。”数学是古代六艺之一，即礼、乐、射、御、书、数，都是人们要学习的课目。儿童启蒙之时，就要先学数的知识，因为数目与数量是日常生活离不开的。很多生活里的知识，都可以用数字描述，几乎各个学科门类都离不开数学。

【原文】

三才者，天地人〔1〕。三光者，日月星〔2〕。

【注释】

〔1〕三才：指天才、地才、人才。出自《周易》，本来是形容《周易》的内容广博。《周易·系辞下》说：“《易》之为书也，广大悉备，有天道焉，有人道焉，有地道焉，兼三才而两之，故大。”

〔2〕三光：指日光、月光、星光。出自班固所著《白虎通义》：“天有三光日月星”。

【译文】

三才，指的是天、地、人。三光，指的是日、月、星。

【赏析】

天、地、人包含一切，囊括宇宙万物、芸芸众生。“天”指万物赖以生存的空间，浩渺苍穹，运转不息，四季交替，风霜雨雪应时而生；“地”是指万物借以生长的地理条件和各种物产，包括江河湖海、山地沼泽、森林平原、人类的一切物质供给都取于“大地”。天、地、人三才，天在上，地在下，人在中间。古人认为天为阳，地为阴，人在阴阳之间为和，这是指天、地、人三者的关系。人与自然应该如何相处，这是一个很重要的问题。

“三光者，日月星”，日月星指人类最初的光明来源，它们为人类的远祖和各种生物带来了光明，也带来了生机。三者光辉灿烂，给大地上的一切生命送来光明与温暖，促使万物生息循环，永驻生机。

【原文】

三纲者，君臣义〔1〕，父子亲，夫妇顺〔2〕。

【注释】

〔1〕三纲：纲，指纲领，法则。“三纲”一词出自班固著《白虎通义》，指君为臣纲，父为子纲，夫为妻纲。义：法度。

〔2〕亲：父子之间慈孝相亲。顺：和顺，和睦。

【译文】

三纲是指君臣之间要有忠爱之义，父子之间要慈孝相亲，夫妻之间要和睦相处。

【赏析】

古代封建社会有“三纲五常”的社会原则，其中“三纲”指君为臣纲，父为子纲，夫为妻纲。“君臣义”就是指臣对君的一种绝对服从，被看成忠义的表现，例如岳飞明知枉死，但宁恨奸臣不恨君王。这种道德原则是封建统治的需要。父子强调的是伦理关系，子对父孝，对父唯命是从，而父亲既严且慈，才能使家庭和睦。但“三纲”过于强调为父的权威，而夫妇的关系则体现了古代传统的男尊女卑的观念，这是父权社会的产物。

【原文】

曰春夏，曰秋冬〔1〕。此四时，运不穷〔2〕。

【注释】

〔1〕曰：说到。

〔2〕时：指季节。运：运行，运转。不穷：没有尽头。指春去夏来，

秋去冬来，没有穷尽之意。

【译文】

一年之中有四个季节，叫做春、夏、秋、冬。这四个季节循环交替、运行不止，永远没有尽头。

【赏析】

一年有四季是自然规律，春季指正月、二月、三月；夏季指四月、五月、六月；秋季指七月、八月、九月；冬季指十月、十一月、腊月。一年之中，春夏秋冬各有特色。春耕、夏盛、秋收、冬寒。古人还根据四季的节气变化编成了《二十四节气歌》：

春雨惊春清谷天，夏满芒夏暑相连，秋处露秋寒霜降，冬雪雪冬小大寒。中国古代的历法，五日为一候，三候为一气，六气为一时，四时为一岁。人们根据历法和农历节气播种、收获。

【原文】

曰南北，曰西东。此四方，应乎中〔1〕。

【注释】

〔1〕此：指南北西东。方：方向、方位。应：相应，对应。中：南北西东四个方向的聚合点称为中，也指中央。

【译文】

南方、北方、西方、东方是四面的方位，这四个方位对应存在，是与中央点相对应而确立的。

【赏析】

四方为东、西、南、北，中国是发明指南针最早的国家，有了指南针才能不迷失方向。人如果失去方向会迷路，而生活若是失去了方向就会堕落。人在世上，不仅要分清东、西、南、北等自然方向，找准方位的中心，更要选好人生的中心支点，找好定位，找准人生的方向。

【原文】

曰水火，木金土〔1〕。此五行，本乎数〔2〕。

【注释】

〔1〕水火，木金土：即五行。五行学说的核心内容就是生克平稳。金生水，水生木，木生火，火生土，土生金。金克木，木克土，土克水，水克火，火克金。

〔2〕本：根本，本源。数：天理。

【译文】

水、火、木、金、土是构成物质的五种基本元素，也就是人们常说的“五行”。这是天理的本源。

【赏析】

金、木、水、火、土，是构成各种物质的五种元素，是宇宙万物起源和变化的五种物质。远在殷商时代的思想家，就用“五行”来解释世界万物的构成及相互关系。古人认为在天为“五星”，在地为“五行”，在人为“五经”，也就是人的五脏经脉。五行相生相克，有其必然的规律，就是“本乎数”。

古人把五种物质作为万物生成的本源，体现了古代朴素的唯物主义观。“五行”包含了很深的哲学道理，由它而推出的各种逻辑和推论也是有一定道理的，金木水火土与我们人类的生产活动与生存发展有着密不可分的关系。

【原文】

曰仁义，礼智信〔1〕。此五常，不容紊〔2〕。

【注释】

〔1〕仁：仁爱。义：道义。礼：指人事礼节。智：指有才智而明道理。信：指诚实，信用。

〔2〕五常：指仁、义、礼、智、信五种德性。容：容许。紊：纷乱。

【译文】

仁爱、讲道义、礼貌、明智、守信，叫做“五常”，也就是做人的五条准则。这五条准则要努力去实行，不容违背。

【赏析】

仁、义、礼、智、信是社会的五种道德原则，是儒家的“五常”思想。在社会中处理人际关系活动要做到仁、义、礼、智、信。这不仅是做人的准则，更是人与人之间关系的桥梁。“仁”是指爱人之心。《庄子·外篇·天地》：“爱人利物之谓仁。”唐代韩愈《原道》中说：“博爱之谓仁。”仁与爱是相连的，有仁心者必有爱人之心。“义”是指道义、正义。它要求人们不做不该做的事。“礼”是指礼仪、礼节，做人应该谦恭礼让，识大体、知礼节。“智”是指才智、智慧，是指人明辨是非的能力。“信”指诚信、守信，一诺千金。这是古人做人和做事的准则，同时也是现代人应该具备的品质和素养，因为高速的发展更需要高尚的道德观做坚实的后盾。

【原文】

稻粱菽，麦黍稷〔1〕。此六谷，人所食〔2〕。

【注释】

〔1〕稻：稻子，去壳后叫大米。粱：谷子，去壳后叫小米。菽：豆类的泛称。麦：麦子。黍：黍子，去壳后叫黄米。稷：高粱。

〔2〕谷：谷物的统称，俗称粮食，亦可泛指粮食作物。

【译文】

稻子、小米、大豆、麦子、黄米、高粱叫做六谷。这六种粮食是我们日常生活中的主要食物。

【赏析】

这一节讲的是作为人类食物的“六谷”。“稻”，多产于南方，就是我们平时所说的大米，是我们常吃的主食。“粱”，又叫粟，也叫谷子，谷子去了壳之后叫小米，因其色黄，所以叫黄粱。“菽”，是豆类的总称，指大豆、绿豆、蚕豆、豌豆等各种豆类粮食；“麦”，俗称麦子，是我们重要的粮食作物，有大麦、小麦、荞麦、燕麦等多种。麦子磨成面粉，再制成馒头、面条、油条、大饼等主食给我们享用；“黍”，也叫“黍子”，是一种黏黄米。黍子做成黍米饭，是一种主食。“稷”，一说指谷子，它的籽实小，秋天下种，第二年夏天才可以收成；另说指高粱，产于北方，是酿酒的好原料。上面六种食种称为“六谷”，是粮食的总称。

【原文】

马牛羊，鸡犬豕[1]。此六畜，人所饲[2]。

【注释】

〔1〕豕：猪。

〔2〕畜：牲畜，人类饲养的禽兽总称。饲：喂养。

【译文】

马、牛、羊、鸡、狗、猪合称六畜，是人类所饲养的。

【赏析】

“畜”指百姓家养的动物，一般说“六畜”指的是马、牛、羊、鸡、犬、豕。据说上古时代，伏羲氏是最早驯服“六畜”的人。他教人们饲养捉来的野生马、牛、羊、鸡、犬、猪，同时使它们不断繁殖。农家的庭院中，常常见到“六畜”的身影。

人与六畜相依为命。六畜与人建立了亲密的关系。现在农村，还偶有农户以鸡鸣晓，以犬守夜的情景。

【原文】

曰喜怒，曰哀惧[1]。爱恶欲，七情具[2]。

【注释】

〔1〕喜：高兴。怒：生气。哀：悲伤。惧：害怕。

〔2〕爱：倾慕，喜欢。恶：憎恶，讨厌。欲：欲念。七情：即前面所

提的人的七种感情。具：具备。

【译文】

高兴、生气、忧伤、恐惧、喜爱、厌恶、欲望是人生来就具备的七种感情。

【赏析】

喜、怒、哀、惧、爱、恶、欲是人的七种情感。这七种情绪是与生俱来的，人正是因为有“七情”，才可称之为人，“七情”不仅仅是对外在刺激的反应，还掺杂了复杂的心理因素。喜时，春风得意马蹄疾，一日看尽长安花。怒时，怒发冲冠，凭栏处潇潇雨歇。哀时，伤心桥下春波绿，曾是惊鸿照影来。惧时，白日见山崩，夜间闻海啸。爱时，清风拂面，朗月照人，繁花似锦，绿草如茵。恶时，恨从胸中出，厌从胆边生。欲时，鱼与熊掌想要兼得。

【原文】

匏土革，木石金〔1〕，丝与竹，乃八音〔2〕。

【注释】

〔1〕匏：是一种植物，果实称为匏瓜，古代常用匏瓜做匏笙等乐器。土：陶土、瓦器，此处指代陶制的埙。革：指鼓类皮制乐器。木：木器，可以做柷、敔。石：玉石之类，可以做磬。金：即金属，指铜锣、铜鼓等。

〔2〕丝：弦乐器，指琵琶琴瑟之类。竹：指管乐器，箫笛之类。

【译文】

匏笙、陶埙、皮鼓、木柷、石磬、金锣，琴瑟、箫笛等八种乐器，称为八音。

【赏析】

中国古代八种乐器的分类。“匏”指匏瓠，晒干后可制成笙、竽等乐器；“土”是黏土，可制成乐器埙；“革”指皮革，可制成皮鼓；“木”指木制乐器；“丝”是用蚕丝、丝线作弦制成的乐器，包括琴瑟、琵琶等；“竹”是指用竹管制成的笛、箫等乐器。“八音”即八种制乐器的材料，指代八种乐器，是中国古代乐器的统称。中国是一个音乐大国，乐器千百种，习者千万人。儒学有六门功课，就是礼、乐、射、御、书、数，乐在其中居第二位，足见它的重要性了。音乐不仅悦耳，更能涵养性情、化育人格、移风易俗、净化社会。儒家有“治世之音安以乐”，“乱世之音怨以怒”，“亡国之音哀以思”的说法，音乐的巨大作用由此可见一斑。

【原文】

高曾祖，父而身〔1〕，身而子，子而孙，自子孙，至玄曾〔2〕。乃九族，人之伦。

【注释】

〔1〕高：高祖，祖父的祖父。曾：曾祖，祖父的父亲。祖：祖父。父而身：从父亲到自身。

〔2〕玄：玄孙，孙子的孙子。曾：曾孙，孙子的儿子。

【译文】

从高祖、曾祖、祖父、父亲到自己。再由自己到儿子，儿子到孙子，再到曾孙、玄孙。一共九代，就是“九族”。

【赏析】

一个人以己身为本位，向上数四代：父亲、祖父、曾祖、高祖。向下数四代：儿子、孙子、曾孙、玄孙。共九代，称之为“九族”。

“高曾祖”三个字分别是指高祖、曾祖、祖父。高祖，又称之为天祖。“人之伦”的“伦”字，是顺序、辈分的意思。

中国的家庭观念，自古以来就很强烈，家庭出身对于每一个人来说似乎都显得十分重要，因为对于自己生命的出处和来历是人类共同关心的话题。“九族”几乎代表了整个家族。

【原文】

父子恩，夫妇从〔1〕。兄则友，弟则恭〔2〕。

【注释】

〔1〕恩：恩情，慈爱。从：顺从，和睦相处。

〔2〕兄：兄长，哥哥。则：表示承接关系。友：友爱，爱护。恭：恭敬，敬重。

【译文】

在家庭中，父母对子女要慈爱，子女对父母要孝顺，夫妻要和睦相处，兄弟姐妹之间要团结友爱。

【赏析】

古人十分重视“十义”，即父慈、子孝、夫和、妇从、兄友、弟恭、朋谊、友信、君敬、臣忠，认为是每个人必须遵从，不可以忽视的原则。我们在内也要做到父慈子孝、夫和妇随、兄友弟恭，在外做到朋谊有信，这样才能为社会所认可。

【原文】

长幼序，友与朋〔1〕。君则敬，臣则忠〔2〕。

【注释】

〔1〕长幼：指年长的与年幼的。序：排列顺序，次序。友：志趣相投，志向相同的人。朋：在同一个老师门下接受教育的人。

〔2〕敬：尊敬，敬重。臣：大臣。忠：尽忠，诚心尽力做事。

【译文】

在人际交往中一定要注意长幼有序。朋友往来要讲信用，真诚相待。身为君主，要懂得尊重、体恤臣民百姓；身为臣子要忠于职守，尽心竭力地做事。

【赏析】

这一段讲的是家庭之外的社会关系，社会关系也要讲秩序，这是“礼”的重要内容。

【原文】

此十义，人所同〔1〕。

【注释】

〔1〕十义：指父慈、子孝、夫和、妇从、兄友、弟恭、朋谊、友信、君敬、臣忠十种美德。同：共同遵守。

【译文】

古人认为上面提到的十种态度是每个人都必须遵从的美德，称之为“十义”。

【赏析】

这十义，是古代社会的重要理念，从君主到平民都要遵守。

【原文】

凡训蒙，须讲究〔1〕，详训诂，明句读〔2〕。

【注释】

〔1〕训蒙：即启蒙，对儿童进行的启蒙教育。须：必须。究：考究。

〔2〕详：详细说。训诂：对古书中词语的解释。明：使人明白。句读：古代称文辞停顿的地方为句读，句是语意完整的一句话，读是句中语意未完，应当停顿的地方，即现在的标点。

【译文】

教导刚入学的儿童，必须把每个字都讲清楚，每句话都解释明白，并且使学童读书时懂得断句。

【赏析】

“训蒙”的“训”是教导。“训诂”的“训”是解释。“讲究”意思是：对某一事体、某一问题去研究而求其完美。“诂”也是解释的意思。

“凡训蒙，须讲究”，是说凡是关于教导儿童、少年的事情，都要很好地讲解，力求去做好，达到合适完善。古代的书籍，都是字与字相连接的，到哪儿停顿并不用标点标明，导致文章艰涩难懂。“详训诂，明句读”，就是要求老师首先要对书中字义、词义详细地解释清楚并下功夫做好断句工作。这些基础工作对孩子的启蒙教育是非常重要的。严谨而认真的教育态度，对训蒙者与初学者而言，始终至关重要。

【原文】

为学者，必有初[1]。小学终，至四书[2]。

【注释】

〔1〕为学者：学习的人。初：开始、开端。

〔2〕小学：即《小学》，一本古代儿童教育课本，宋人朱熹编写。终：完，结束。四书：朱熹将《论语》《孟子》《大学》《中庸》合称“四书”。

【译文】

作为一个读书求学的人，必须有个良好的开端。先把《小学》读完。再学习《论语》《孟子》《大学》《中庸》。

【赏析】

古人读书讲究循序渐进，先从最基本的学起，先易后难。古人学习传统文化的东西一般要先从《小学》学起，打好根基，为以后学习更深的学问做好准备。《小学》是启蒙教育的基础用书，主要内容是教育学童学习洒扫应对进退及礼乐射御书数等基础知识和礼节。《小学》学完后，学习“四书”，即《论语》《孟子》《中庸》《大学》。“四书”是儒家思想体系的代表，是封建社会每个学子的必读之物，其中包含了齐家、治国、平天下的许多道理，对中国人的思想和文化传统具有深远影响。

【原文】

《论语》者，二十篇[1]。群弟子，记善言[2]。

【注释】

〔1〕《论语》：此书是孔子弟子辑录孔子及其部分弟子言行、思想的书，分为二十篇。

〔2〕善言：有教育意义的言论。

【译文】

《论语》这部书共分为二十篇，是孔子的弟子和再传弟子们记录下来的孔子及其学生有教育意义的言论。

【赏析】

《论语》是孔子和他的弟子们说的话。“二十篇”，是说《论语》一书共有二十篇，依次是：学而、为政、八佾、里仁、公冶长、雍也、述而、泰伯、子罕、乡党、先进、颜渊、子路、宪问、卫灵公、季氏、阳货、微子、子张、尧曰。《论语》一书的内容散见于二十篇中，不是一个一个的专题表述，而是杂见散出。

“群弟子，记善言”，孔子到了晚年，聚众授徒，有“三千弟子，七十二贤人”。孔子死后，门人不忘先师的教导，把他们以前听到的话都记录下来。称为“善言”。这本书以精练简洁的语言来表达为人处世的深刻道理，言简意赅，耐人寻味。

【原文】

《孟子》者，七篇止〔1〕，讲道德，说仁义。

【注释】

〔1〕《孟子》：记录孟子及其弟子言行，讲述儒家思想的一部书，共七篇。止：结束。

【译文】

《孟子》这部书，共有七篇，内容是讲述有关道德、宣传仁义等优良品行的言论。

【赏析】

孟子，名轲，世称“亚圣”，是我国古代大思想家，儒家学派重要代表人物。孟子继承并发展了孔子的思想，将孔子的“仁”发展为“仁政”思想，被收录在《孟子》中。《孟子》一书总共七篇，分别为：梁惠王篇、公孙丑篇、滕文公篇、离娄篇、万章篇、告子篇、尽心篇；《孟子》一书的主要内容：一、主张法先王、行仁政、以民为本。二、主张人性善，认为人人皆有爱心。孟子在宣传儒家学说的时候，其浩然之气盈溢于字句之间，其精神对后世的影响力与感召力不可估量。

【原文】

作《中庸》，子思笔[1]，中不偏，庸不易[2]。

【注释】

〔1〕《中庸》：儒家经典著作，为子思所写。子思：孔子之孙孔伋，字子思。学于曾子，作《中庸》一书。《中庸》一书，共三十三篇。笔：书写、创作。

〔2〕偏：偏差。庸：平常，指中和常行之道。易：改变。

【译文】

《中庸》这本书的作者是子思，“中”是不偏不倚的意思，“庸”是平和不变的意思。

【赏析】

孔伋，字子思，孔子思想的继承者。子思师从孔子的弟子曾子。子思对文化的重大贡献是写了《中庸》一书，原本只是《礼记》中的一篇，南宋时朱熹将之与《论语》《大学》《孟子》合在一起，称为“四书”。《中庸》是关于人生哲学的一本书，对中国人的人生观影响很大。

中庸思想是孔伋的哲学思想，它是身心修养和处理事物的基本方法。中庸思想告诉人们做事要不偏不倚、不走极端，要有礼有节、不可偏离中正。

【原文】

作《大学》，乃曾子[1]，自修齐，至平治[2]。

【注释】

〔1〕曾子：姓曾，名参，字子舆，孔子的著名弟子，相传《大学》一书为其所作，俱述儒家之言，分为十章，三纲领、八条目。三纲领是“明明德，亲民，止于至善”。八条目是“格物、致知、诚意、正心、修身、齐家、治国、平天下”。

〔2〕修齐：修身、齐家。治平：治国、平天下。

【译文】

《大学》这本书的作者是曾子。主要讲述从提高自身修养、管理家庭到治理国家、平定天下的方法。

【赏析】

《大学》，原是《礼记》中的一篇，相传是孔子的弟子曾子所作。《大学》是修德之书，也是从政之书，告诉人们，治理国家要先从己身修德做起，这样才能最终做到平定天下。

“自修齐，至平治”。修身、齐家、治国、平天下。“修身”是对自己内在德行的修养；“齐家，治国，平天下”是对自身能力的外部运用。《大学》中主张“大学之道，在明明德，在亲民，在止于至善”，“物有本末，事有终始，知所先后，则近道矣”。修身养性必须按顺序来不能颠倒，要想“齐家、治国、平天下”必须先从自身做起。

【原文】

《孝经》通，四书熟〔1〕，如六经，始可读〔2〕。《诗》《书》《易》，《礼》《春秋》〔3〕。号六经，当讲求。

【注释】

〔1〕《孝经》：儒家经典之一，可能为孔门后学所作，论述封建孝道，宣传宗法思想，共十八章。通：精通，明白。熟：熟知，通晓。

〔2〕六经：《诗经》《尚书》《易经》《礼经》《乐经》和《春秋》六部儒家经典的总称。

〔3〕诗书易，礼春秋：指上句所说的“六经”。

【译文】

《孝经》的道理弄明白了，再熟读四书，才可以读像“六经”这样比较深奥的书。《诗经》《尚书》《礼经》《易经》《春秋》号称“六经”，应当讲习探求。

【赏析】

《孝经》是儒家经典之一，是一部阐明封建孝道，宣传儒家宗法思想的书。“六经”指的是《礼经》《乐经》《尚书》《诗经》《易经》《春秋》六本儒家经典，也可作六艺。

《乐经》已经失传了。有人认为《乐经》是被秦始皇烧了，也有人认为《乐》非独自成书，而是包含在《诗》《周礼》中，因而后来只有五经之说。

“六经”分别从艺术、历史、哲学、科学、宗教、制度、文化等不同的视角对儒家思想进行了发扬。内容丰富庞杂，包罗万象，具有珍贵的史料价值。要想研究中国传统文化，就不能不研究“六经”。但“六经”深奥难懂，所以要“当讲求”。

【原文】

有《连山》，有《归藏》〔1〕，有《周易》，三易详〔2〕。

【注释】

〔1〕《连山》：书名，又叫《连山易》，相传是伏羲氏作。归藏：书名，又叫《归藏易》，相传是黄帝作。

〔2〕《周易》：书名，又称《易经》，相传是文王、周公、孔子作。三易：以上三部书合称为“三易”。

【译文】

《连山》《归藏》和《周易》，这三部书合称“三易”，掌握了“三易”就能明白用“卦”的形式来说明宇宙间万事万物循环变化的道理。

周文王

【赏析】

《周易》是儒家经典，全书分两大部分：一部分为《周易》经文本文，称为“经文”；另一部分是对《周易》经文的解说，称为“十翼”。

《易经》内容丰富，蕴含着极为深刻的哲学道理．具有无法估量的学术价值。孔子从哲学的角度重新理解和讲述《周易》，为人们对《易经》的研究开辟了一条新途径。

【原文】

有典谟，有训诰[1]，有誓命，《书》之奥[2]。

【注释】

〔1〕典谟：古代文体，典是立国、治国的典章制度，谟是计谋策略。训诰：古代文体，训是臣子劝导君王的进谏之词，诰是君王颁发的号令、通告。

〔2〕誓：出征时誓师的言辞。命：君主所发布的命令。《书》：指《尚书》。奥：深奥。

【译文】

《尚书》上所记载的，都是尧舜、夏、商、周的政论。有典章制度、进言谋略，有贤臣对君王的训诫，有君王的政令通告。还有君王征伐时的誓言和训令。书中言论道理很深奥。

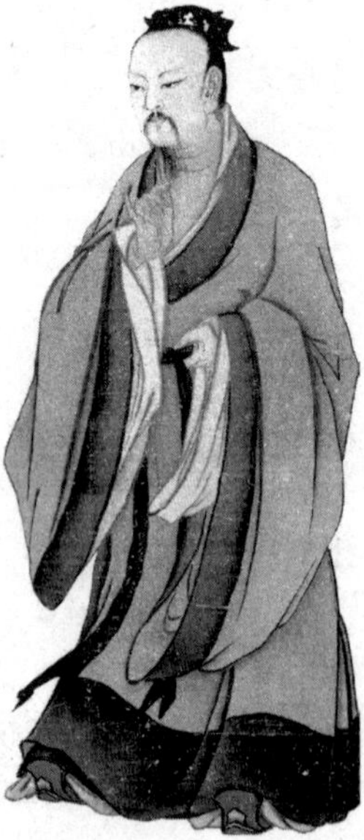
帝 尧

【赏析】

“典”，常也，是帝王受命之书，如《尧典》《舜典》。“谟”，谋也，是大臣献计以助帝王治理国家之书，如《皋陶谟》。“训”是臣训启帝王以匡正错误的谏辞。“诰”，诏也，是帝王颁发的号令，如《大诰》《康诰》。“誓”，信也，是君王兴兵征伐时的赏罚告谕，如《牧誓》《秦誓》。“命”，令也，是君王发布的命令，如《顾命》《文侯之命》。

【原文】

我周公，作《周礼》[1]。著六官，存治体[2]。

【注释】

〔1〕周公：姓姬名旦，亦称叔旦，是周文王第四个孩子。《周礼》：书名，系统地记录了周代礼的体系，相传是周公所作。

〔2〕著：写作、撰写。六官：《周礼》中以天官冢宰、地官司徒、春官宗伯、夏官司马、秋官司寇、冬官司空帮助君王掌管朝政，称“六官”或“六卿”。治体：治理国家的纲领、要旨。

【译文】

周公在《周礼》一书中将周代的礼乐制度、行政官制与政府组织体系完整记录下来，为后代留存了宝贵的资料。周朝设立天官冢宰、地官司徒，春官宗伯、夏官司马、秋官司寇、冬官司空这“六官”，各自掌管不同的职务，帮助君王治理朝政，使国家运作迈入正式的轨道。

【赏析】

周公是西周初期杰出的政治家、军事家和思想家，被尊为儒学的奠基人。

《周礼》也是儒家经典之一，所涉及的内容十分丰富，分为天官、地官、春官、夏官、秋官、冬官等六篇，大至天文历象，小至草木虫鱼，凡邦国建制，政法文教，礼乐兵刑，赋税度支，膳食衣饰，寝庙车马，农商医卜，工艺制作，各种名物、典章、制度，无所不包。

【原文】

大小戴，注礼记〔1〕。述圣言，礼乐备〔2〕。

【注释】

〔1〕大小戴：西汉今文经学家，大戴是戴德，小戴是戴圣。两人是叔侄。注：解释古书原文的意义。

〔2〕述：记述，阐述。圣言：圣人所说的话。礼乐：礼节仪式及典礼乐章。备：完备，完整。

【译文】

《大戴礼记》与《小戴礼记》的篇章内容虽略有不同，但都整理并详细注解了《礼记》，忠实记载了圣人的言论，其中各种礼节仪式及典礼乐章的制度都记述得十分完整详细，使后代人充分了解了前代的典章制度及礼乐文化的精神与意义。

【赏析】

古代关于礼制的文章，出现了很多。西汉时期的戴德和戴圣叔侄俩各自选取辑录，分别编成了《大戴礼记》和《小戴礼记》。《大戴礼记》到唐代时已亡佚，现在我们所能看到的是戴圣所编的《小戴礼记》，也称《礼记》。东汉末年著名学者郑玄为《小戴礼记》作了注解，使得这个版本经久不衰，并由解说经文的著作逐渐成为经典。《礼记》主要记载和论述了先秦时期的礼制、礼仪，并解释礼仪，记录孔子和弟子等的问答，记述修身做人的准则等，体现了儒家的政治、哲学和伦理思想，是研究先秦社会的重要资料。

【原文】

曰《国风》，曰《雅》《颂》〔1〕，号四诗，当讽咏〔2〕。

【注释】

〔1〕国：诸侯所封之国。风：民间歌谣。《国风》多为周代各地的民间歌谣。《雅》：分为“大雅”和“小雅”。为诸侯朝会或贵族宴会时的乐歌。《颂》：宗庙祭祀时的乐歌。

〔2〕四诗：《国风》《大雅》《小雅》《颂》合称为四诗。此处即指《诗经》。讽咏：吟诵。

【译文】

《诗经》分为《国风》《大雅》《小雅》《颂》四个部分，合称为四诗。这些诗内容丰富，感情深切，是我们应当去诵读吟咏的。

【赏析】

“诗”，指的是《诗经》，又称“诗三百”。《诗经》是我国第一部诗歌总集，分风、雅、颂三部分。此书广泛地反映了当时社会生活的各个方面，被誉为古代社会的人生百科全书，对后世影响深远。古人非常注重诗的教育意义，因为诗可以使人端正思想，能使人温柔敦厚、情感升华。因此，《诗经》非常值得后人学习、诵读、吟咏。

【原文】

《诗》既亡，《春秋》作〔1〕，寓褒贬，别善恶〔2〕。

【注释】

〔1〕《诗》:《诗经》。既:已经。亡:衰败,冷落。《春秋》:书名。相传是孔子根据鲁国史书编订而成的一部编年体史书。

〔2〕褒:表扬。贬:批评。别:辨别,区分。

【译文】

由于周朝的衰落,《诗经》也跟着被冷落,于是孔子依据鲁史编订了《春秋》。书中隐含着对现实政治的褒贬以及对善恶行为的认识辨别。

【赏析】

"诗既亡,春秋作"。这里的"春秋"是指《春秋》,相传是孔子根据鲁国的史书整理修改后而编出的一部编年体史书。"诗既亡"的意思是说周朝衰落了,代之的是诸侯割据,各自为政的局面。在这一种历史背景下,《诗经》的微言大义便逐渐被世人冷落遗忘。"寓褒贬,别善恶"。孔子据鲁史编写《春秋》一书,重要目的是希望通过自己的"微言大义"来褒扬善行好事。贬抑恶行坏事,希望能借此提醒世人分辨忠奸善恶,更期盼当政者提高警惕。

【原文】

三传者,有《公羊》[1],有《左氏》,有《穀梁》[2]。

【注释】

〔1〕传:给经典书籍作注释的著作叫传。《公羊》:即《公羊传》,也称《春秋公羊传》,儒家经典之一,旧传战国时公羊高撰。

〔2〕《左氏》:即《左传》,也称《左氏春秋》,儒家经典之一,旧传为左丘明撰。《穀梁》:即《穀梁传》,也称《春秋穀梁传》,儒家经典之一,旧传穀梁赤撰。

【译文】

公羊高著的《公羊传》,左丘明著的《左传》和穀梁赤著的《穀梁传》,合称为"春秋三传",它们都是解释《春秋》的书。

【赏析】

《春秋》是孔子编写的,后人将《春秋》列为五经之一。因为《春秋》

成书年代较早。文字简约，后人不易读懂，所以就有解释《春秋》的传。“公羊”，就是《公羊传》，亦称《春秋公羊传》。本书是阐发《春秋》微言大义的儒家重要经典，旧传由战国时公羊高撰写。“左氏”就是《左传》，又称《左氏春秋》。《左传》对《春秋》发凡起例，解释《春秋》，一般认为是春秋时期鲁国太史左丘明所作，故称之《左传》。“穀梁”，就是《穀梁传》，它的作者一说是战国时的穀梁赤，一说是战国后期穀梁赤的后学所编，口耳相传，成书之后，流传后世。

【原文】

经既明，方读子〔1〕，撮其要，记其事〔2〕。

【注释】

〔1〕经：指儒家经典。方：才。子：指诸子百家著作。

〔2〕撮：选取、挑选。要：要点。

【译文】

经书读懂了，才可以读诸子百家的书。这些书种类篇幅繁多，不可能面面俱到，只能选取重要的部分来读，记住其中的要点。

【赏析】

“经既明，方读子”依然是按学习的难易顺序来进行的，将所列的儒家经典，都读明白了，读透彻了，才去研究诸子百家的文章。因为诸子百家各自成派，具有不同的学术观点，而且良莠不齐，学者一定要有很强的辨别力。“撮其要，记其事”谈的是关于怎样读“子”书的问题。一撮其要，就是把书中重要的字句段落归纳出来，抓住要点与关键。二记其事，对于书中所叙的史事，熟记它的事缘因果。因为诸子思想纷繁复杂，所以读“子”书，选取其中对提高自身德行和对学问有帮助的精华来读是非常必要的。

【原文】

五子者，有荀扬〔1〕，文中子，及老庄〔2〕。

【注释】

〔1〕荀：即荀子。荀子名况，战国著名思想家，作《荀子》上下二篇。

扬：即扬雄，汉成都人，作《太玄》《法言》《方言》等书。

〔2〕文中子：指隋代的王通，其子模拟《论语》辑录王通语录的书称《中说》，亦称《文中子》。老子：姓李名耳，周初亳邑人，作《道德经》。庄子：名周，楚蒙城人，与老子同为道家学派代表人物，世称老庄，著有《庄子》。

【译文】

诸子百家中的五子指荀子、扬子、文中子、老子和庄子。

【赏析】

“荀”指荀子，名况，战国时期著名思想家、教育家，曾游学于齐国，到过秦、楚。春申君用其为兰陵令，后来他在兰陵定居，晚年从事教学和著书。韩非、李斯都是他的弟子。荀子在个人哲学上主张“人性本恶”，但可以通过自身修养弃恶从善。在治理国家上，主张法治、礼治、人治并重。“扬”指扬雄，字子云，蜀郡成都人，西汉文学家和思想家。汉成帝时以文被召，任给事黄门郎。扬雄是辞赋大家，后来研究经书，主张复兴孔子的正统儒家学说。

老 子

《文中子》一书，又名《中说》，是隋朝人王通之子辑录。王通，字仲淹，是隋朝的一位思想家，主张三教可一。“老”，即老子，名李耳，字聃，是春秋末期的思想家，是中国道家学派的创始人。“庄子”名庄周，是战国时期著名的哲学家，是道家学派的主要代表人物，著有《庄子》一书，又称《南华经》。

【原文】

经子通，读诸史[1]。考世系，知终始[2]。

【注释】

〔1〕经：儒家经典。子：诸子百家的著作。诸史：各种史书。

〔2〕世系：帝王、贵族世代相承的脉络关系。终始：王朝的盛衰兴亡。

【译文】

读懂经书和子书后，再读各种史书。从中考究各朝代世系的相承，了解李氏兴衰过程的原因，从而吸取教训。

【赏析】

“经子通，读诸史”是说在学习完儒家经典和诸子百家之后，接下来就可以学习历史了。

后人可以通过读史从中考察历代王朝传承世系，明白各国政治上的利弊得失和治乱兴亡的原因。但史书不能尽信，而是要通过各种途径来还原历史的本来面目。“考世系”就是考察帝王家族世代相承的关系；“知终始”是了解历代王朝兴衰的终末因由。详细考究历史人物的世系，再参考各种文献资料融会贯通，才能准确地掌握最真实的历史。

【原文】

自羲农〔1〕，至黄帝，号三皇，居上世〔2〕。

【注释】

〔1〕羲：伏羲氏，神话中的人类始祖，传说他与妹妹女娲氏结合生了人类，并且教民结网从事渔猎畜牧，还制作了八卦。农：神农氏，传说中农业、医药的发明者，有神农尝百草之说。

〔2〕居：居住，生活。上世：远古时代。

【译文】

从伏羲氏、神农氏到黄帝，后人尊称他们为“三皇”，他们是远古时代的人物。

【赏析】

伏羲、神农氏、黄帝是远古时代的三个帝王。传说伏羲在位一百一十五年，野生的牛、羊、马、猪、狗、鸡被人们抓回去在家中

黄 帝

驯养，成为后来人们所说的“六畜”。他还教会人们结网捕鱼，于是人类进入了渔网畜牧的时代。传说他还绘制了八卦。

相传神农氏发明了农具，教百姓从事农业耕作。他遍尝百草，发现治疗疾病的药材，解除天下民众的病痛之苦。

黄帝姓公孙，因居姬水，改姓姬，因曾居轩辕之丘，故号轩辕氏。传说黄帝曾击败炎帝和蚩尤部落，后又与炎帝部落结盟，因此中国人自称“炎黄子孙”。

这三位君主被后世尊称为“三皇”。

【原文】

唐有虞，号二帝〔1〕，相揖逊〔2〕，称盛世。

【注释】

〔1〕唐：即尧，又称帝尧、唐尧，传说中父系氏族的部落联盟领袖。虞：即舜，又称帝舜、虞舜。

〔2〕揖逊：谦让，这里指禅让王位。

【译文】

唐尧和虞舜号称“二帝”，尧把帝位传给了德才兼备的舜，天下太平，人人称颂。

【赏析】

“唐”，即唐尧，古代帝王名，又称“帝尧”，姓伊祁氏，名放勋，帝喾之子。因尧建都于平阳，平阳为唐国，尧曾被封为唐侯，故又称为“唐尧”。帝尧为君公正严明，知人善用。在对舜进行了考核之后推举舜为继任者。后来舜又让帝位于禹。

“揖逊”是谦让的意思，即让位于贤者。尧舜二帝都把国家当做公器传贤不传子，没有一点私心，所以才造就了一番太平盛世。

【原文】

夏有禹，商有汤〔1〕，周文武，称三王〔2〕。

【注释】

〔1〕夏：夏朝。禹：受虞舜禅位当了君王，国号为夏。商：国号，商朝。汤：即成汤，推翻夏朝建立商朝，历史上称商汤。

〔2〕周文武：周文王和周武王。周文王姬昌是商朝末期周族的头领。武王姬发为文王之子，他建立了西周王朝。

【译文】

夏代的开国君主是禹，商代的开国君主是汤，周朝的开国君主是文王和武王，这几个德才兼备的君主被后世称为“三王”。

【赏析】

“三王”指夏、商、周三个朝代的君王。“夏有禹”，禹受帝舜禅让继天子位，称夏禹。“商有汤”，成汤伐夏桀，建立商朝，登天子位，称商汤。“周文武”，周文王为父，周武王为子。文王死后，其子姬发伐纣，建立了西周王朝，称周武王。夏商周三代开国之君皆是圣明君主。夏朝的大禹治理水患，疏通九河，经过十三年终将洪水导入大海，他吃苦耐劳，坚持不懈，三过家门而不入，继位后勤勉治国，深得百姓拥戴。商朝的开国之君汤兴义师灭掉残暴的夏桀，他以仁政治国得到人民的肯定。周朝的开国之君文王和武王父子，为讨伐昏君商纣前赴后继，最终武王通过牧野之战的胜利，推翻了无道商朝。

【原文】

夏传子，家天下〔1〕，四百载，迁夏社〔2〕。

【注释】

〔1〕家天下：指夏禹不传贤而传子，实行世袭制，以天下为自家。

〔2〕载：年。迁：迁移。此处指一个王朝覆灭。社：社稷，即国家政权。

【译文】

从夏禹开始，将君位传给儿子，从此天下被一家统治。夏朝延续了四百多年后最终覆灭。

【赏析】

禹因受封为夏伯，故称夏禹。自禹建立夏朝至王朝覆灭，共经历了四百年，所以说“四百载，迁夏社”。

一个时代的兴衰有其发展规律，一个朝代能否长期存在要看统治者能否掌握好君权与民意的平衡。桀残暴无道，因此在商汤举义旗之时，看似强大的夏朝瞬间就土崩瓦解了。历史上王朝之盛衰没有所谓天数，皆人祸之因。君贤则国兴，君昏则国亡。

【原文】

汤伐夏，国号商〔1〕。六百载，至纣亡〔2〕。

【注释】

〔1〕汤：成汤，商朝的开国君主。夏：夏桀，夏朝末代君主。

〔2〕纣：殷纣王，商朝的最后一位君主。

【译文】

成汤计伐夏桀，灭了夏朝，建立商朝。商朝经历了六百多年，到商纣王时灭亡。

【赏析】

夏朝末期，夏桀虐政荒淫，伊尹从汤兴师，率诸侯伐桀，助汤取得天下，汤乃登天子位，平定四海。

汤死后，帝位下传，至殷纣王时，纣王暴虐引起百姓怨恨，诸侯叛乱。西伯侯姬昌举兵，姬昌死后，其子姬发在孟津会八百诸侯伐纣，纣兵败于牧野，自焚而死。殷商自成汤至纣辛，共二十王，历六百四十余年。纣的灭亡与夏桀无异，他为人残暴，荒淫无度，弄得民不聊生，他创“炮烙”酷刑，搜刮民脂民膏，导致最后民怨四起，自己落得个众叛亲离的下场。

【原文】

周武王，始诛纣〔1〕。八百载，最长久〔2〕。

【注释】

〔1〕周武王：即姬发，文王之子。诛：诛杀。

〔2〕八百载：周朝自公元前11世纪至公元前256年，共约八百年。

周 公

【译文】

周武王起兵灭掉商朝，诛杀纣王，建立周朝。周朝前后延续约八百年，是我国历史上最长久的一个王朝。

【赏析】

西伯侯死后其子姬发建立周朝，史称周武王。武王以太公望为军师，周公旦为辅佐，率兵四千伐纣，纣亡。从此周朝开始了长达八百年的统治，到幽王，西周结束。自幽王子平王迁都洛邑，东周开始，历史进入春秋战国时期，至公元前256年，周赧王失国，秦昭王取周九鼎，周朝彻底灭亡。周朝先后共历三十四王，是历代王朝中最长久的王朝。

【原文】

周辙东，王纲坠〔1〕，逞干戈，尚游说〔2〕。始春秋，终战国〔3〕，五霸强，七雄出〔4〕。

【注释】

〔1〕辙：车辙。辙东：指周平王迁都洛阳。王纲：指周王朝的统治。纲：纲纪，国家政治制度。

〔2〕逞：显示，炫耀。干戈：干是盾牌，戈是矛戟，干戈比喻战争或武力。尚：推崇，崇尚。

〔3〕春秋：时代名称，公元前722年至公元前481年，因鲁国编年史《春秋》包括这一时期而得名，现在一般把公元前770年到公元前476年划为春秋时代。战国：时代名称，指公元前475年至公元前221年间。

〔4〕五霸：指齐桓公、晋文公、秦穆公、宋襄公、楚庄王。七雄：即齐、楚、燕、韩、赵、魏、秦七国。

【译文】

西周灭亡、周平王东迁后，东周王室对诸侯的控制力越来越弱。诸侯国之间时常相互攻伐，政客们也纷纷向掌权者游说自己的政治主张。东周分为春秋与战国两个阶段。春秋时期有齐桓公、晋文公、秦穆公、宋襄公和楚庄王五霸逞强，战国时代则有齐、楚、燕、韩、赵、魏、秦七国争雄。

【赏析】

“周辙东，王纲坠”。辙，是车子在路上碾出的痕，这里指周平王迁都洛邑。从此以后原来的天子权威、朝廷纲纪都败落了，天子的旨意已经没有人听了。“逞干戈，尚游说”。王侯公卿互相征战杀伐，攻城掠地。士人诸生摇唇鼓舌游说各国诸侯以求爵禄的风气从春秋时代开始，并在战国时代发展到了极致。

“始春秋，终战国”。是说东周自春秋而始，至战国结束。战国在春秋之后，因各国诸侯连年不断地发生战争，故称为“战国”。“五霸强，七雄出”。五霸，指春秋时齐桓公，晋文公、秦穆公、宋襄公、楚庄王五个大国国君；“七雄”指战国时代秦、楚、燕、齐、韩、赵、魏七大强国。

【原文】

嬴秦氏〔1〕，始兼并。传二世，楚汉争〔2〕。

【注释】

〔1〕嬴秦氏：即秦始皇嬴政，其兼并六国，自称“始皇帝”。

〔2〕传：传位，传承。二世：名胡亥，秦始皇的儿子。楚：即项羽，自号西楚霸王。汉：汉高祖刘邦。争：争夺（天下）。

【译文】

秦王嬴政吞并六国，统一天下，建立秦朝。秦朝传到二世胡亥的时候，天下又开始大乱，最后形成了楚汉相争的局面。

【赏析】

春秋战国之后，秦王嬴政统一了全国，创建了历史上第一个中央集权的封建制国家。他自命始皇帝，史称秦始皇。他使车同轨，书同文，统一了各国的钱币和度量衡，为文化和经济的发展奠定了基础。但秦始皇为人暴戾，焚书坑儒、修建长城，弄得民怨四起。秦王嬴政自称始皇帝，是希望秦王朝以后千秋万代，延续万世基业。然而秦二世胡亥即位时秦朝的统治已经岌岌可危，各地起义不断。战火纷仍，内乱不息，秦二世依然不吸取教训，继续大兴土木，动用几十万民工为秦始皇建造陵墓。皇宫内乱，朝野混乱，刘邦与项羽的起义队伍逐渐壮大。最终刘邦自位为汉王，攻入咸阳，秦朝灭亡。刘邦、项羽开始争夺天下，称为“楚汉之争。”

秦始皇

【原文】

高祖兴，汉业建[1]。至孝平，王莽篡[2]。

【注释】

〔1〕高祖：即汉高祖刘邦。兴：兴起。业：基业。

〔2〕孝平：汉平帝刘衎。王莽：汉朝人，是汉元帝王皇后之侄，官至大司马，杀害了汉平帝，自立为皇帝，改国号为新。篡：篡夺。

【译文】

汉高祖刘邦打败了项羽，建立了汉朝基业。汉朝的皇位传延了两百多年，到汉平帝时，被王莽篡夺。

【赏析】

楚汉战争，以项羽失败而告终。公元前 202 年，刘邦建立西汉王朝。刘邦死后，子刘盈继位，是为惠帝。刘盈年少性懦，由其母吕雉执掌国政，公元前 180 年，吕氏被太尉周勃除掉，迎代王刘恒为帝，是为汉文帝。公元前 157 年，文帝死，第三子刘启继位，是为汉景帝。公元前 141 年，景帝死，第九子刘彻继位，是为汉武帝。汉武帝雄才大略，使西汉王朝达到鼎盛时期。但武帝的穷兵黩武，也使西汉王朝国力大损，武帝后，西汉王朝逐步衰落，至刘婴时，由外戚大司马王莽持政，公元8年，王莽称帝，改国号为“新”，西汉结束。从汉高祖建国到王莽篡汉，西汉王朝共经历了十一位皇帝，二百一十年。

【原文】

光武兴，为东汉[1]。四百年，终于献[2]。

【注释】

〔1〕光武：光武帝，姓刘，名秀，字文叔，刘邦的第九世孙。东汉：光武中兴之后为东汉，以前称西汉。

〔2〕献：汉献帝，名协，汉朝最后一位皇帝。献帝时，曹操擅权，杀死了皇后及皇子，公元220年曹操的儿子曹丕废帝为山阳公，至此东汉灭亡。

【译文】

汉光武帝消灭王莽，中兴汉室，史称东汉。汉朝历经四百年，到汉献帝时灭亡。

【赏析】

刘秀是刘邦第九世孙，勤劳谨慎，宽厚待人，少年读书，略通义理。在反对王莽的起义斗争中，声名鹊起。刘秀于公元25年即位，国号仍为“汉”，年号建武，定都洛阳。经历十一年统一战争，刘秀最终消灭了各地割据势力、于公元36年统一了全国。刘秀实行休养生息政策，宽以待民，使因战争遭到破坏的国力逐渐恢复。至灵帝时，东汉王朝根基已经动摇，各地豪强并起，割据日益严重。公元220年十月，汉献帝禅位于曹丕，东汉结束。东汉王朝

汉光武帝刘秀

共历十四帝，一百九十六年。东汉是西汉的继承和发展，两汉共历约四百年，所以说“四百年，终于献”。

【原文】

魏蜀吴，争汉鼎[1]。号三国，迄两晋[2]。

【注释】

〔1〕魏：魏主曹丕，曹操的儿子。他取代汉献帝称帝，国号为魏。蜀：刘备称帝，国号汉，史称蜀或蜀汉。吴：孙权于公元229年称帝，国号为吴。鼎：古代大型三足铜器，相传夏禹收聚天下之金，铸成九鼎，后称之为传国重器，象征着皇权、社稷。

〔2〕迄：到，至。两晋：东晋和西晋的合称。

【译文】

东汉末年魏、蜀、吴三国争夺汉朝的天下，这个时代称为三国时代，到两晋时结束。

【赏析】

“魏蜀吴，争汉鼎”。东汉末年，天下分为蜀、魏、吴三国。蜀，刘备于公元221年正式称帝，国号汉，史称蜀汉。刘备几经征战，四处颠簸，最后请诸葛亮出山，于赤壁一战大败曹军，形成三足鼎立之势。公元263年，刘禅降魏，蜀亡。

魏文帝曹丕

曹丕是曹操次子，取代汉献帝后，以魏为国号。265年，魏最后一个皇帝曹奂禅位给司马炎，魏亡。吴的创建者是孙权，字仲谋。孙权审时度势，联蜀抗魏，算是一代明主。公元252年，孙权病逝。公元279年，吴最后一个国君孙皓自缚双手投降，吴亡。

公元265年，司马炎统一了全国，

改国号为晋，史称西晋。司马炎死后，西晋皇族为争夺政权开始了混战，史称“八王之乱”。八王之乱后，西晋元气大伤，于公元316年灭亡。之后司马睿在建康另立朝廷，史称东晋。公元420年，刘裕篡位为宋王，东晋灭亡。从三国到两晋亡，历经二百年有余。

【原文】

宋齐继，梁陈承。为南朝，都金陵[1]。

【注释】

〔1〕南朝：从公元420年东晋灭亡宋国建立到589年隋朝统一期间，我国历史上形成了南北对峙局面，史称南北朝。南朝即指这一时期相继在建康建都的宋、齐、梁、陈四个朝代。金陵：即建康，今南京。

【译文】

宋国、齐国相继建立，梁国、陈国来承接，这四朝史称南朝，都建都在金陵。

【赏析】

两晋之后，中国进入南北朝时期，宋、齐、梁、陈是相继在建康建都的四个政权，与北方的政权相对立，史称南朝。

宋武帝刘裕

宋，刘裕篡位东晋建立，到宋文帝刘义隆时期达到鼎盛局面。

齐，又称南齐，高帝萧道成建立，直到和帝萧宝融。

梁，武帝萧衍建立，史称“南梁”，自502年到557年，历经五十六年。

陈，陈武帝陈霸先建立，直到后主陈叔宝，从557年到589年，历三十三年。589年，隋朝大军攻占南京城，南朝从此彻底结束。

【原文】

北元魏，分东西[1]。宇文周，与高齐[2]。

【注释】

〔1〕北：北朝。元魏：即北魏政权，鲜卑族拓跋珪建立，至孝文帝时，因为仰慕中原文化，改姓为元，因此称元魏。分东西：534年，北魏分裂为东魏、西魏两个政权。东魏建都邺城，西魏建都长安。

〔2〕宇文周：北周，因皇室姓宇文，故称宇文周。高齐：北齐，因皇室姓高，故又称高齐。

【译文】

与南朝同时并存的统治北方的王朝称北朝。北魏后期分裂为东魏和西魏。后来，西魏为北周所代，东魏为北齐所代。

【赏析】

北魏由拓跋珪建立，历经148年。北魏孝文帝拓跋宏是一个杰出的帝王。他迁都洛阳，重用人才，改习汉制，使北魏政权兴盛。孝文帝死后，政权开始腐败。公元534年，孝武帝元修投奔长安宇文泰，高欢在邺立元善见为帝，从此北魏分成东、西两魏，东魏由高欢控制，西魏由宇文泰控制。公元550年，高欢的儿子高洋建立北齐。公元557年，宇文泰的儿子宇文觉建立周，史称北周。

【原文】

迨至隋，一土宇[1]。不再传，失统绪[2]。

【注释】

〔1〕迨：及，等到。隋：隋文帝杨坚。一：统一。土宇：天下。

〔2〕再传：指第三代。统绪：世系，皇位的传承。

【译文】

杨坚再次统一天下，建立隋朝。但隋朝只传了一代便很快灭亡了。

隋文帝杨坚

【赏析】

“迨至隋，一土宇”，到了隋朝，中国结束了长期分裂的局面，一个统一的国家建立了。隋朝第一代皇帝是隋文帝杨坚，他于公元589年统一了全国。中国从东汉末年开始的将近三百年的分裂历史结束了，杨坚死后，隋朝被残暴的隋炀帝带入了灭亡。隋炀帝杨广残暴不仁、大兴土木、穷兵黩武、滥杀无辜。所谓“不再传，失统绪”讲的就是杨广继位之后，隋朝国力不济，政权腐败，很快就因各地割据势力和浩大的农民起义灭亡了。

【原文】

唐高祖，起义师〔1〕，除隋乱，创国基〔2〕。二十传，三百载〔3〕，梁灭之〔4〕，国乃改。

【注释】

〔1〕唐高祖：李渊，字叔德。李渊曾在隋朝做官，于公元618年称帝建立唐朝。起：起兵。义师：伸张正义的军队。

〔2〕创：开创。国基：国家的基础。

〔3〕二十传：唐朝共传了二十代。三百载：唐朝自公元618年到公元907年，历时近三百年。

〔4〕梁：后梁太祖朱温。

【译文】

唐高祖李渊起仁义之师，消除了隋末的动乱，开创了唐王朝的基业。唐王朝共传了二十代，近三百年，后被梁所灭，才又改换了朝代。

唐高祖李渊

【赏析】

公元618年，李渊称帝，是为唐高祖，定都长安，并经过七年的平叛战争，扫平了群雄纷争，统一了天下。唐代最重要的时期当属李世民时期的贞观之治。李世民是李渊的次子，经玄武门之变，李渊被迫退位，李世民即位。李世民治国有方，举贤任能，使唐朝成为当时世界上最为强大的国家之一，奠定了唐王朝三百年的统治基础。公元 690 年，武则天废睿宗称帝，改国号为周，武则天是中国历史上唯一的女皇。公元 712 年，李隆基登帝位，是为玄宗，玄宗励精图治，唐王朝步入盛唐时期，史称“开元盛世”。但好景不长，在李隆基晚年爆发了“安史之乱”，长达七年之久。安史之乱平定之后，唐王朝元气大伤，开始由盛转衰，公元 907 年，朱温篡位建梁，唐朝灭亡。唐王朝历经三百余年，经历二十帝，所以说“二十传，三百载，梁灭之，国乃改”。

【原文】

梁唐晋，及汉周，称五代〔1〕，皆有由。

【注释】

〔1〕五代：唐朝以后北方有梁、唐、晋、汉、周五个朝代，称为五代。

【译文】

后梁、后唐、后晋、后汉、后周五个朝代更替，历史上称为五代，这五个朝代的兴衰更替，都有着一定的原因。

【赏析】

朱温灭掉唐朝后，建立后梁，接着是后唐、后晋、后汉、后周五个政权接替出现。五个朝代相继而起，自后梁开始，于后周结束，史称“五代”。

朱 温

后梁政权是朱温建立的，晋王李克用的儿子李存勖攻下开封后，后梁灭亡。李存勖死后，李克用养子李嗣源入洛阳称帝。公元 936 年李嗣源女婿石敬瑭勾结契丹、攻入洛阳，割燕云十六州给契丹，后晋建立。公元 946 年后晋被契丹灭国，后晋河东节度使刘知远在太原称帝，改国号汉，史称后汉。刘知远次子刘承祐继位后，逼反枢密使郭威，郭威于公元 951 年带兵攻入开封，杀刘承祐，即帝位，改国号为周，史称后周，仍定都开封。公元960年赵匡胤发动陈桥兵变，建立北宋王朝，后周亡，自此，五代结束。

【原文】

炎宋兴，受周禅[1]。十八传，南北混[2]。

【注释】

〔1〕炎宋：因为赵匡胤建宋是以五行中的火德为尊，故称“炎宋”。禅：禅让。

〔2〕十八传：宋朝从太祖赵匡胤到赵昺，共传了十八代帝王。南北：南宋和北宋。

【译文】

北宋兴起，是接受后周皇帝的禅让而建立的。宋朝共传了十八代，两宋时期局势混乱。

宋太祖赵匡胤

【赏析】

赵匡胤通过“陈桥兵变”建立宋朝，因为赵匡胤建宋是以火德为尊，故称“炎宋”，共传了十八代，所以叫“十八传”。宋朝时期，边境少数民族政权兴起，南北混乱，中国依然不是一个统一的国度。宋朝与辽、金、西夏政权基本上处于对峙局面。到真宗时，与辽缔结了“澶渊之盟”，宋辽和平，各守边界。公元1126年，灭了辽国的金兵南下，攻入汴京，掳走徽、钦二帝，北宋灭亡。赵构在河南商丘继位、后迁于临安，史称南宋。公元1279年，南宋最后一个幼主赵昺走投无路，被陆秀夫背负投海而死，南宋灭亡。

【原文】

辽与金，皆称帝[1]。元灭金，绝宋世[2]。莅中国，兼戎狄[3]，九十年，国祚废[4]。

【注释】

〔1〕辽：公元907年，北方契丹族耶律阿保机称帝，公元938年改国号为辽。金：公元1115年，辽东女真族首领完颜阿骨打称帝，国号金。

〔2〕元：元朝，蒙古族政权。辽被金灭，金被蒙古灭亡，公元1271年，忽必烈建立元朝，定都大都（今北京）。绝：断绝。

〔3〕莅：临、到。中国：中原地区。戎狄：古时称西方民族为戎，称北方民族为狄。

〔4〕九十年：元朝自公元1271年到公元1368年共九十年。祚：皇位，帝位。废：废掉。

【译文】

北方的少数民族辽人、金人和蒙古人都建立了国家，自称皇帝，最后蒙古人建立了元朝，重新统一了中国，兼并了边疆的少数民族。然而它只维持了短短九十年，就被农民起义推翻了。

【赏析】

公元907年耶律阿保机建契丹国，公元938年国号被改为辽，阿保机是辽太祖。在辽末期，东北女真族逐渐强大，攻击大辽，公元1115年，金太祖完颜阿骨打在黑龙江阿城建国称帝，年号“收国”。公元1125年，金兵活捉辽天祚帝，辽灭亡。公元1234年，蒙古军攻入金都城，金灭亡。辽和金都是历史上少数民族的政权，少数民族政权中最为强大的当属蒙古。公元1206年，铁木真被尊为成吉思汗，公元1271年成吉思汗的孙子忽必烈改国号为大元，次年定都大都。公元1279年，南宋灭亡。元朝统一了中国并持续对外扩张，元朝经历了九十年，公元1368年，朱元璋率起义军灭掉元朝。

【原文】

明太祖，久亲师[1]，传建文，方四祀[2]。

【注释】

〔1〕明太祖：明朝开国皇帝朱元璋。久：多年，长久。亲师：亲自领

兵出征。

〔2〕传：传给，传位。建文：建文帝朱允炆，朱元璋皇长子朱标之子。方：才，仅仅。四祀：四年。

【译文】

明太祖朱元璋，是一位亲身迎敌久历沙场的君王，其基业帝位皆是靠自己打下的，多年征战之后灭元建立大明王朝，是一位事事亲力亲为的开国之君。其去世后将帝位传于皇孙朱允炆，可惜朱允炆生性懦弱胆怯，在与众皇叔的政治争斗中毫无还手之力，在位区区四年便被夺了帝位。

【赏析】

明太祖朱元璋生于元朝末年，家境贫寒，父母兄长皆因病去世。朱元璋因对元朝腐败的统治不满，愤而参加起义，多年来一直随军征战，最终灭元朝。朱元璋于南京称帝，改国号为大明，年号洪武。

朱元璋驾崩之后，帝位传于嫡次孙朱允炆，史称建文帝。建文帝是少年天子，对自己手握兵权的各位藩王叔父十分忌惮，尤其是势力强大的燕王朱棣更是建文帝的心头大患。建文帝为稳固自己的帝位，欲削弱藩王的势力，却遭燕王朱棣发兵逼宫，史上称此为“靖难之役”。

【原文】

迁北京，永乐嗣〔1〕。迨崇祯，煤山逝〔2〕。

【注释】

〔1〕迁：迁都。永乐：永乐为明成祖登基时所用年号，此处指明成祖朱棣。嗣：继承，接续。

〔2〕崇祯：崇祯为明朝最后一个皇帝朱由检的年号，此处指朱由检。煤山：北京景山，朱由检于此山上吊自尽。逝：死去。

【译文】

明成祖朱棣登基之后，将首都从南京改迁至北京。自此代代延续直至崇祯帝，在国破家亡之后，在景山上吊自尽。

【赏析】

朱棣

明成祖朱棣居北京达二十余年，多次在这里出征抵御外敌，对北京的风土人情、地理地貌十分了解和喜爱。北方虏患不绝，居于北京便于就近部署军队抵御控制。于是朱棣登基之后，便决定将都城迁往北京。

这之后明朝传承了十三代君王，到了崇祯时，李自成带领农民起义军进攻北京紫禁城，崇祯帝挥剑杀死妃嫔与公主之后自紫禁城的北门逃于景山，在山上自缢身亡。

【原文】

清太祖，膺景命〔1〕。靖四方，克大定〔2〕。至世祖，乃大同，十二世，清祚终。

努尔哈赤

【注释】

〔1〕清太祖：即清太祖爱新觉罗·努尔哈赤。膺：承受，接受。景命：上天的命令。

〔2〕靖：平定，使秩序安定。四方：指全国各地。克：能够，这里引申为完成。定：统一。

【译文】

清太祖爱新觉罗·努尔哈赤声称自己接受了上天的旨意，平定女真各部建立了后金国（清朝的前身）。清世祖顺治时，全国统一，建立了所谓太平盛世。清朝经历了十二位帝王后覆灭。

【赏析】

清朝是由女真族建立起来的封建王朝，它是中国历史上继元朝之后的第二个由少数民族统治的王朝，也是中国最后一个封建帝制国家。1616 年，清太祖努尔哈赤建国称汗，国号大金，史称“后金”。公元 1644 年，李自成的大顺军攻占北京，明朝灭亡；驻守山海关的明将吴三桂降清，清摄政王多尔衮指挥清军入关，打败大顺农民军；同年清顺治帝迁都北京，从此清朝取代明朝成为全国的统治者。

【原文】

读史者，考实录〔1〕，通古今，若亲目〔2〕。口而诵，心而惟〔3〕，朝于斯，夕于斯〔4〕。

【注释】

〔1〕实录：编年体史书的一种，专记某一皇帝统治时期的大事，如韩愈的《顺宗实录》。私人记载祖先事迹的文字，有的也叫实录。

〔2〕通：通晓，了解。亲目：亲眼看见。

〔3〕诵：背诵，熟读成诵。惟：思考。

〔4〕斯：此，这里指读书。

【译文】

读史的人，还应查考历代实录，通晓古今发生的事件，就好像亲眼所见一样。在读书时，要做到口里吟诵，心里思考，早晚心思都用到学习上面，才能真正学好。

【赏析】

“读史者，考实录”，意思是研究历史、学习历史的人，一定要尊重客观的历史现实。对不明白或有疑问的地方一定要认真考查、分析研究。历史应该是真实事实的记载，不能因好恶而肆意扬贬某位历史人物。读史书一定要认真考查、研究书中所写的历史。

“通古今，若亲目”，是说通过对历史的研究、考查，就能了解古往今来，就仿佛亲眼见到当时发生的事一样。

“口而诵，心而惟”，是说口中不断地朗诵，心中不断地思考，才能透过历史现象掌握历史的本质。“朝于斯，夕于斯”，是早晚都要以这样的态度学习和研究，专心致志，心无旁骛。

【原文】

昔仲尼，师项橐[1]，古圣贤，尚勤学。

【注释】

〔1〕仲尼：即孔子，字仲尼，春秋时代鲁国人。儒家学派创始人，被尊为“至圣先师”。项橐：春秋时代鲁国人，传说他七岁时为孔子老师，十一岁时死去。

孔 子

【译文】

从前孔子曾拜七岁的项橐为师。古代的圣人尚且如此勤学好问，普通人更应发奋努力。

【赏析】

后世都以项橐为早慧儿童的代称。孔子刻苦而好学，不耻下问，能向七岁的项橐请教，终于成为学富五车又德高望重的圣贤，受到世人千载的顶礼膜拜。

【原文】

赵中令，读《鲁论》[1]，彼既仕，学且勤[2]。

【注释】

〔1〕赵中令：指赵普。宋时赵普曾在宋太祖、宋太宗手下任中书令之职，日则理政事，夜则读《论语》，太祖曾问他为何读《论语》，他回答说，若要齐家、治国、平天下，尽在这《论语》语中矣。《鲁论》：西汉初鲁国人所传的《论语》。

〔2〕彼：他，指赵普。仕：做官。

【译文】

宋朝的赵普，官已经做到中书令了，还天天手不释卷地阅读《论语》，自己已经做了高官，仍旧勤奋学习。

【赏析】

赵 普

“赵中令，读鲁论”，指的是赵普读《论语》的故事。“中令”即中书令的简称，在宋代相当于宰相。鲁论，就是《论语》。赵普勤学好读，并且能把学到的知识用到实践中，成为一代贤相，有“半部论语治天下”之说。

“彼既仕，学助勤”，说的是赵普终日勤读，手不释卷，已经做了一人之下万人之上的宰相，还是学而不厌，是因为《论语》里的确有不少治国安邦的道理，得以让赵普辅佐两朝国君，可见《论语》之殊贵。

【原文】

披蒲编，削竹简[1]，彼无书，且知勉[2]。

【注释】

〔1〕蒲：草，又叫菖蒲，蒲编是用草蒲编织的纸张。竹简：用竹子削成的薄片，用来写字。

〔2〕彼：他们，此处指汉时的路温舒和公孙弘。前者将蒲草编织成册，用来写字。后者削了许多竹简，向人借书抄写。

【译文】

汉代的路温舒把书抄在蒲草上学习，公孙弘把书抄在竹简上学习。他们没钱买书，尚且能如此勤奋努力学习。

【赏析】

“披蒲编”，讲的是西汉路温舒读书的故事。路温舒家贫，无钱买书，便取泽中蒲草，一片片编在一起，用以写书。

“削竹简”是西汉公孙弘读书上进，后为宰相的故事。公孙弘家境贫困，四十岁时，才开始学习《春秋》与其他书册。因为家贫，没有买书的资财，他便去竹林中，找来竹子，削去青皮，制成竹片，借别人的《春秋》抄写在竹片上。西汉武帝继位后，招纳贤良文士。公孙弘终于在六十岁时以贤良被征为博士。

“彼无书，且知勉”，当时还没有出现纸张，“书”多是写在绢制皮简上的，而这样昂贵的东西是贫苦人家买不起的。路温舒、公孙弘无书也能想尽一切办法学习。

【原文】

头悬梁，锥刺股〔1〕，彼不教，自勤苦。

【注释】

〔1〕头悬梁：汉朝人孙敬，读书至夜深，为了不让自己瞌睡，就以绳系发，悬于屋梁，打盹低头时，绳索就会将他拉醒。锥刺股：战国时苏秦，勤读《六韬》《阴符》等兵法之书，每当夜深昏昏欲睡时，就用锥子刺大腿，使自己清醒后再读。

【译文】

读书至深夜，为防瞌睡将头发悬于梁上、用锥子刺大腿，痛醒再继续读书。这两人都不用别人督促，自己就能勤奋刻苦学习。

【赏析】

“头悬梁”，这是孙敬留下的一则自奋苦读的故事。孙敬秉性好学，读书时不遗余力，夜以继日，每次临案读书之前，先用绳子拴住自己的发辫吊到屋梁上，一打瞌睡，绳子就会通过头发把自己拉醒。

“锥刺股”，讲的是战国时期苏秦的故事。苏秦落魄之时被家人耻笑，于是下定决心继续苦读。当他读书读到昏昏欲睡的时候，就用锥子刺自己的大腿来让自己清醒，以持续苦读。

“彼不教，自勤奋”，孙敬与苏秦两个人不需要别人督促，就知道努力而刻苦地读书，这两则故事就是告诉人们读书要靠自觉，不是别人逼出来的，而是对知识的一种发自内心的渴求。

【原文】

如囊萤，如映雪〔1〕，家虽贫，学不辍〔2〕。

【注释】

〔1〕囊萤：晋朝有一名叫车胤的人，家贫，夜读无油点灯，就捉了许多萤火虫装在纱袋里，靠萤火虫发出的光来读书。囊：用袋子装。映雪：晋朝的孙康家境贫寒，也无油点灯读书，在冬天的时候他就在户外借着积雪的反光来读书。

〔2〕辍：停止。

【译文】

像晋代车胤把萤火虫放在纱袋里照明读书，孙康冬天夜里借雪的反光来读书一样，家里虽然贫困，也要坚持学习不放弃。

【赏析】

"如囊萤"，说的是东晋人车胤贫而好学的故事。车胤在儿童时期，爱好读书，但家境贫寒，因家中无钱买油点灯照亮，不能夜读。车胤每到夏季便用白囊盛数十只萤火虫来照明读书。

"如映雪"，讲的是晋代人孙康刻苦读书的故事。孙康家境贫困，到了夜晚无钱买油点灯读书，只好在冬天下大雪的时候，跑到屋外的雪地里映雪读书。有时候冻得身体发抖，也不停止。

"家虽贫，学不辍"，车胤与孙敬虽然家境贫困，没有好的读书条件，但他们依然都能够利用已有的条件，努力进取，勤学不辍，值得我们学习。

【原文】

如负薪，如挂角〔1〕，身虽劳，犹苦卓〔2〕。

【注释】

〔1〕负薪：负，背。薪，柴。汉代的朱买臣靠砍柴为生，每日背柴回家时，就将书置于担头边走边读，后来在汉武帝手下任会稽太守。挂角：隋时李密，替人放牛时，将书挂在牛角上，一边放牛一边看书。

〔2〕卓：卓绝，超然。

【译文】

汉朝的朱买臣，以砍柴为生，他把书挂在柴担的一头，边走边看；隋朝的李密放牛时把书挂在牛角上，边放牛边读书。他们在艰苦的环境里仍然坚持读书，成就不凡。

【赏析】

“如负薪”，讲的是西汉武帝时期，朱买臣艰苦读书求进的故事。朱买臣家境非常贫困，为生活所迫，不得不上山砍柴。却能做到苦读不辍，朱买臣在打柴休息时读书，担柴行路时读书，学习刻苦是常人所不能比的。

“如挂角”，讲的是隋朝人李密的事。李密对书也是如饥似渴，手不释卷，而且素有大志。李密替人放牛时，牛角上挂着《汉书》，边放牛边读书。

【原文】

苏老泉，二十七〔1〕，始发愤，读书籍。彼既老，犹悔迟〔2〕，尔小生，宜早思〔3〕。

【注释】

〔1〕苏老泉：即苏洵，“唐宋八大家”之一。次子苏辙，长子苏轼。苏洵与二子合称“三苏”。

〔2〕彼：他，代指苏洵。既：已经。犹，还。悔：后悔。

〔3〕尔：你，你们。小生：小孩子，年轻人。早思：早一些考虑。

【译文】

宋代苏洵到了二十七岁才开始发奋读书，后来成了大学问家也还是后悔当初没好好读书。像你们年轻人，更应把握大好时光，早早发奋读书，才不至于将来后悔。

苏　洵

【赏析】

“苏老泉，二十七，始发愤，读书籍”。苏洵少年时，无心读书，荒废光阴，二十七岁才开始发奋读书，也取得了很大的成就。欧阳修极力推崇苏洵的文章。

“彼既老，犹悔迟，尔小生，

宜早思”。苏洵年纪老大了依然后悔对读书的重要性醒悟得太迟。但苏洵悔悟之后，发奋攻读，刻苦努力，正是这种学习态度才让他成器。现在儿童、少年正值年少，正是学习的大好光阴，不可蹉跎岁月，以苏洵那样的大家，尚且后悔醒悟得太晚，可见早早发奋读书非常重要。

【原文】

若梁灏，八十二[1]，对大廷，魁多士[2]。彼既成，众称异[3]，尔小生，宜立志。

【注释】

〔1〕若：像，如。梁灏：五代时人，屡试不第，仍不气馁，八十二岁时终于状元及第。

〔2〕廷：朝廷。魁：为首的，第一。士：士子，指参加科举考试的人。

〔3〕彼：他，代指梁灏。成：学业上有成就。称：称赞。异：奇异，与众不同。

【译文】

像这个叫梁灏的人，八十岁时才考中状元。在金殿上对皇帝提出的问题对答如流，所有参加考试的人都不如他。梁灏这么大年纪，还能获得成功，使大家感到惊异，钦佩他的好学不倦。你们这些后生晚辈更应早日立志，努力用功。

【赏析】

“若梁灏，八十二，对大廷，魁多士”。梁灏在宋太宗雍熙二年中状元时，已是八十二岁高龄，这告诉我们，努力早当然好，若少年时浪费光阴，那么亡羊补牢，犹为未晚。所以当代的青少年，不要空自叹息磋砣岁月，更不要老大徒伤悲，只要立志为学，并坚持下去，

一定能有所成就。

【原文】

莹八岁，能咏诗〔1〕，泌七岁，能赋棋〔2〕。彼颖悟，人称奇〔3〕，尔幼学，当效之〔4〕。

【注释】

〔1〕莹：北魏祖莹，字元珍。祖莹八岁就能咏诗成章。

〔2〕泌：唐李泌，七岁能作棋赋："方若行义，圆若用智，动若骋材，静若得意。"后官至宰相，为社稷重臣。赋棋：以下棋为题作诗。

〔3〕彼：他们，代指祖莹和李泌。颖：聪颖。悟：领会，领悟。

〔4〕效：效仿。之：他们，指祖莹和李泌。

【译文】

北魏人祖莹八岁时就能背诵诗文。唐朝人李泌七岁时就能以下棋为题作赋。他们二人天资聪颖，在当时很令人们感到惊奇。现在你们正是求学的时候，应该效仿他们，努力用功读书。

【赏析】

"莹八岁，能咏诗"。祖莹是北魏时期的神童，八岁即能诵诗书。祖莹读书非常入迷，其母担心他因沉迷诗书而得病，常禁止他看书，祖莹于是偷偷点起火看书，以被遮光，恐被父母察觉。

"泌七岁，能赋棋"。泌年少时，非常聪慧，燕国公张说当着唐玄宗的面试李泌文才，命李泌用方、圆、动、静四字作赋。七岁的李泌即作道："方若行义，圆若用智，动若骋材，静若得意。"张听说后甚为惊讶，恭贺皇上得此奇童。李泌后辅佐玄宗、肃宗、代宗、德宗，可谓四朝元老。

【原文】

蔡文姬，能辨琴〔1〕，谢道韫，能咏吟〔2〕。彼女子，且聪敏〔3〕，尔男子，当自警〔4〕。

【注释】

〔1〕蔡文姬：名琰，是东汉著名学者蔡邕的女儿，通音律，以琴音作

《胡笳十八拍》。

〔2〕谢道韫：晋朝宰相谢安的侄女，著名女诗人。心灵聪慧，极好读书，小时就能吟诗作对，因将大雪比作因风而起的柳絮而被赞为“咏絮之才”。

〔3〕彼：她们，代指蔡文姬、谢道韫。敏：有智慧，反应迅速。

〔4〕警：警觉，警醒。

蔡文姬

【译文】

东汉蔡文姬博学通音律，东晋谢道韫聪慧能咏诗。她们都是女子，尚且如此聪明，你们这些男子，更应当自我警醒，充实自己。

【赏析】

“蔡文姬，能辨琴”。蔡文姬名琰，是东汉末年有名的才女，她的父亲是大学问家蔡邕。蔡文姬精通诗文和音律，能听音辨琴，一天蔡邕夜弹七弦琴，弹着弹着，一根弦断了，蔡文姬立刻能辨识出断的是哪根弦。

谢道韫

“谢道韫，能咏吟”。谢道韫是有名的文学家，也是历史上少有的才女之一。谢道韫是谢安的侄女，自小家教优良，谢安见白雪纷飞吟诵：“白雪纷纷何所似？”谢道韫对曰：“未若柳絮因风起。”此后，世人以“咏絮之才”来赞誉有诗才的女子。

“彼女子，且聪敏，尔男子，当

自警”。在封建社会，读书、做官是男人的专权，女子地位低下，是没有资格读书取仕的。在这样的压抑环境下，仍出了谢道韫、蔡文姬这样的亘古才女，男子就更没有理由堕落而不求进取了。

【原文】

唐刘晏[1]，方七岁，举神童，作正字[2]。彼虽幼，身已仕[3]，尔幼学，勉而致[4]。有为者，亦若是。

【注释】

〔1〕刘晏：人名，字士安。唐朝著名神童，七岁便能作诗写文。

〔2〕正字：官职名，负责刊正文字。

〔3〕彼：他，代刘晏。仕：做官。

〔4〕勉：勉力。致：达到。

【译文】

唐代的刘晏，刚刚七岁，就被皇帝称为神童，授予太子正字的官职。刘晏虽然年幼，已经做了官。你们年幼求学，努力勤学也可以做到这样。

【赏析】

“唐刘晏，方七岁，举神童，作正字。彼虽幼，身已仕”。唐朝的刘晏是一个神童，在唐玄宗去山东泰山封禅时，刘晏献了一篇颂扬文章，由此脱颖而出，成为一个传奇人物。

“尔幼学，勉而致”。这句话是鼓励小朋友们要像刘晏那样用功读书。世界上但凡有作为的人，无不是通过自己的努力。刘晏小小年纪就已经做了官，而且能洞察世事，针砭时弊，实在难能可贵，作为与刘晏同龄的青少年应当以他为榜样。

唐玄宗李隆基

【原文】

犬守夜，鸡司晨[1]，苟不学，曷为人[2]。

【注释】

〔1〕守夜，在晚上守卫门。司晨：负责早上鸣叫报晓。

〔2〕苟：假如。曷：通“何”，怎么。

【译文】

狗能在夜间替人守卫门户，公鸡负责每天早晨鸣叫报晓。人如果不能用心学习，还有什么资格称为人呢？

【赏析】

狗能守夜，鸡能报晓，人也是一样，生于此世间，必然有自己特定的位置。连鸡与狗都是对世界有用之才，何况人呢？如果人昏噩一生，不求进取，如何称之为人？我们应该珍惜时光，学有所成，不能饱食终日，只知吃喝玩乐。

【原文】

蚕吐丝，蜂酿蜜[1]，人不学，不如物[2]。

【注释】

〔1〕酿：酿造。

〔2〕物：代指蚕、蜜蜂等动物。

【译文】

蚕吐丝可以供人们做衣服，蜜蜂酿蜜可以供人们食用。人要是不懂得学习，不能凭借自己的知识和技能来实现自己的价值，那就连动物都不如了。

【赏析】

蚕和蜂是动物界里最勤劳的。所谓“春蚕到死丝方尽”，蚕吐尽最后一口丝，生命才走到尽头。蜜蜂与蚕一样，辛苦忙碌地飞来飞去，采花酿蜜，直到死亡。人类如果不知勤学，不思进取，就连这些动物都不如了。

【原文】

幼而学，壮而行[1]，上致君，下泽民[2]。扬名声，显父母[3]，光于前，裕于后[4]。

【注释】

〔1〕壮：指壮年，一般指三四十岁的时期。

〔2〕致：报效。泽：恩泽，泽被。

〔3〕扬：显扬，传播。显：显耀。

〔4〕光于前：光宗耀祖。裕：使……富裕。

【译文】

在幼年时努力学习，不断充实自己，长大后能够学以致用，替国家效力，为人民谋福祉。有所作为后，就能使自己名声远扬，光宗耀祖，使子孙富裕。

【赏析】

古人认为："人生十年曰幼学，二十曰弱冠，三十曰壮。""幼而学，壮而行"的意思是人在幼年时要好好学习知识，到壮年有能力办事的时候，就要走上社会好好做事。

"上致君，下泽民"，讲的是自己的一腔热血和才华应当献给国家和人民。

"扬名声，显父母"，是说可以光耀门楣，使父母脸上增光。

【原文】

人遗子，金满籯[1]，我致子，惟一经[2]。

【注释】

〔1〕遗：遗留，留给。籯：竹子编的箱子。

〔2〕经：经书的总体。此处为作者对《三字经》的自称。

【译文】

人们往往留给子孙后代的是满箱金银，我教育子孙的，只有这一部经书而已。

【赏析】

在中国有“子承父业”的传统。但中国还有句古话叫“富不过三代”，也就是第一代艰苦创业打拼来的财产，第二代尚且能守，第三代往往就败光了。“我教子，惟一经”，金山银山总有用完的时候，但知识却是怎么也取用不竭的。拥有知识就拥有财富，所以与其留给子孙后代金银珠宝等物质的东西，倒不如留给他们丰富的学识和做人的品德。

【原文】

勤有功，戏无益〔1〕，戒之哉，宜勉力〔2〕。

【注释】

〔1〕勤：勤奋，刻苦。功：成就。戏：游戏玩乐。

〔2〕戒：防备，警惕。哉：语气助词，表示感叹。宜：应当。勉力：即勉励。

【译文】

反复讲了许多道理，只是想告诉孩子们：凡是勤奋上进的人都会有好的收获，只顾玩乐，浪费大好时光是没有好处的。我们要以此为戒，时刻勉励提醒自己啊！

【赏析】

“勤有功，戏无益”，意思是做人、做事应当勤劳。只要勤奋努力，就能收到好的效果。嬉戏游玩没有任何益处。

“戒之哉，宜勉力”，意思是要引以为戒，时刻提醒勉励自己。

《三字经》全文到此为止，它看似一部简单的启蒙教材，但是其中所涵盖的思想对人生具有不可估量的指导价值，值得人们去细细品读和体味。

百家姓

赵钱孙李　周吴郑王

【赵】

颛顼的后代伯益是嬴姓的始祖。伯益的后代造父，为周穆王驾兵车救国有功，周穆王把赵城赐给他做封地，其子孙以赵为姓。赵姓名人：赵武灵王，战国时赵国国王，提倡“胡服骑射”。赵奢，战国后期名将。赵匡胤，宋朝的开国皇帝。赵普，北宋的政治家、宰相。赵孟頫，元代杰出书画家。赵树理，近代著名作家。

【钱】

《通志·氏族略》中记载，颛顼帝的玄孙为彭祖。彭祖的孙子孚，为周朝钱官。于是，其后代以官职的名称钱为姓氏。钱姓名人：钱镠，五代时的政治家，唐代的吴越王，修建了钱塘江和太湖的水利工程。钱三强、钱学森，著名科学家。钱锺书，现代著名国学大师。

钱　镠

【孙】

为春秋时期卫国国君康叔的后代。卫武公的儿子叫惠孙，子孙便以孙为姓。孙姓名人：孙武，春秋末期著名的军事家，著有《孙子兵法》。孙权，三国时吴国的开国皇帝。孙思邈，唐代著名医学家。孙中山，我国近代革命家。

孙 武

【李】

颛顼帝的后代皋陶是尧帝时代的理官，他的后人便以官名为姓，称理姓。后来皋陶的后代理利贞被纣王迫害，避居李树下，食李子

唐太宗

维持生活，遂改理姓为“李”姓。李姓名人：李耳，即老子，春秋著名的思想家，道家创始人，著有《道德经》。李冰，战国时期水利家，与其子主持修建了驰名中外的都江堰水利工程。李世民，即唐太宗，任贤纳谏，开创了唐朝盛世，史称“贞观之治”。李白，唐代著名诗人。李时珍，明代医药学家，著有《本草纲目》。

【周】

黄帝的儿子后稷姓姬，是周王朝的始祖，自周平王小儿子姬烈开始，其后代以国号为姓。周姓名人：周瑜，三国时期吴国名将，任大都督。周恩来，中华人民共和国第一任总理。周树人，即鲁迅，现代文学家。

周 瑜

【吴】

周文王姬昌的叔叔泰伯为了让有才能的姬昌登上王位，和弟弟仲雍自动让贤，远去江南，建立吴国。后来周朝建立，周武王封泰伯世孙周章为侯，改国号为吴，其后代遂以国名吴为姓。吴姓名人：吴起，战国时期著名军事家。吴广，秦末农民起义的领导者，与陈胜一起领导了著名的“大泽乡起义”。吴道子，唐代著名画家。吴承恩，四大名著之一《西游记》的作者。

吴　起

【郑】

周宣王封其弟弟姬友于郑，史称郑桓公，桓公之子后来建立了郑国，战国时被韩国所灭，其后代便以国名为姓。郑姓名人：郑国，战国时期著名水利专家，修建了郑国渠。郑和，明朝著名航海家，曾率船队七下西洋。郑板桥，清代书画家，“扬州八怪”之一。

【王】

王姓主要来源于先秦王室，源流复杂，夏王室为姒姓，商为子姓，周为姬姓，他们的后代中都有以王为姓的。一说周灵王的儿子姬晋因敢于直谏，把父亲惹怒，被贬为平民。因其本为王族，世人称其家为王家，其后

王安石

世子孙便以王为姓。王姓名人：王昭君，中国古代四大美女之一。王羲之，东晋书法家，人称“书圣”。王维，唐代著名诗人、画家。王安石，北宋政治家、文学家。

冯陈褚卫　蒋沈韩杨

【冯】

周文王第十五子毕公姬高被封于冯城，他的子孙以邑名为姓氏。冯姓名人：冯异，东汉征西大将军。冯梦龙，明代著名文学家、戏曲家。冯子材，清末爱国将领，曾率军大败法军。冯玉祥，近代爱国将领。

冯　异

【陈】

周武王灭了商朝后，舜的后代胡公满被封于陈，后建立陈国，其王室子孙后代以国名为姓氏。陈姓名人：陈胜，秦末农民起义领袖。陈寿，西晋史学家，著有《三国志》一书。陈子昂，唐代文学家。陈景润，现代著名数学家。

【褚】

宋共公的儿子段，字子石，受封于褚地，任职褚师，其子孙便以褚师为姓，后又省略为单姓褚。褚姓名人：褚遂良，唐代宰相，著名书法家。

【卫】

周文王的第九个儿子康叔帮助周武王灭了商朝后，周武王把卫地赐给他为封地，康叔在此建立了卫国，后卫国被秦国所灭，卫君的子孙便以国名为姓。卫姓名人：卫青，西汉名将，曾七次率兵攻打匈奴。卫夫人，东晋著名书法家，她的书法对王羲之影响很大。

卫 青

【蒋】

据记载，周公旦的第三个儿子伯龄受封于蒋，建立了蒋国，他的后代子孙就以国名为姓，称蒋姓。蒋姓名人：蒋士铨，清代戏曲家、文学家。蒋介石，近现代政治名人，继孙中山之后成为中国国民党和南京国民政府领袖。

【沈】

周文王的第十个儿子季载在成王时受封于沈地，后来沈国被蔡国所灭，其子孙就以国名为姓。春秋时芈姓的公子贞被封在沈鹿，也称沈氏。沈姓名人：沈括，北宋政治家、科学家，著有《梦溪笔谈》。

沈雁冰，即茅盾，现代著名文学家，著有《子夜》《林家铺子》等。

【韩】

周成王弟弟唐叔虞的后代毕万受封于韩原，建立韩国，他的后代就以封地为姓。北魏时也有北方少数民族改姓韩的。韩姓名人：韩非，战国末期思想家，著有《韩非子》一书。韩信，西汉大将，辅助刘邦夺得天下。韩愈，唐朝著名文学家、思想家，为“唐宋八大家”之首。

韩 信

【杨】

周宣王的儿子尚父受封于杨，人称杨侯，建立杨国，杨被晋灭后，尚父的后代便以国号为姓。另外，三国时诸葛亮曾给西南地区少数民族赐姓杨。杨姓名人：杨修，东汉末年文学家。杨坚，隋朝开国皇帝。杨炯，唐代诗人，“初唐四杰”之一。杨万里，南宋诗人，“南宋四家”之一。

杨　坚

朱秦尤许　何吕施张

【朱】

据记载，颛顼帝的后代曹挟受封于邾，建立了邾国。邾国灭亡以后，其子孙后代就以国名邾为姓，后又去偏旁以朱为姓。朱姓名人：朱熹，

朱元璋

南宋哲学家、教育家。朱元璋，明朝开国皇帝。朱自清，现代文学家、诗人。朱德，革命家、军事家，我国“十大元帅”之一。

【秦】

颛顼的后代伯益辅助大禹治水有功，舜帝赐他为嬴姓。伯益的后代非子因在畜牧方面有专长，周孝王就把秦谷这个地方赐给他为封地，他的后代便以之为姓。秦姓名人有：秦越人，即扁鹊，战国时期名医。秦琼，字秦叔宝，唐初名将，被后世百姓奉为门神。

扁　鹊

【尤】

五代时，王审知为闽王，因“沈”与“审”同音，福建的沈姓为了避讳去偏旁改沈为尤。尤姓名人：尤袤，南宋诗人。尤侗，清初文学家、著名戏曲作家。尤怡，清代医学家，著有《伤寒贯珠集》等。

【许】

《姓源韵谱》所记，炎帝裔孙伯夷的后代文叔，受周武王封于许国，人称许文叔，后来其子孙后代更以许为姓。许姓名人：许慎，东汉大学问家，他的《说文解字》是我国的第一部字典。许褚，三国时期曹魏名将。许浑，唐代诗人，其佳句“山雨欲来风满楼”广为流传。

【何】

秦王来韩后，韩王安的子孙逃到了长江和淮河一带定居，并以韩为姓。由于当地人读韩字的发音和何字很相似，所以渐渐变称为何。何姓名人：何景明，明朝文学家。何香凝，近代著名革命家、政治活动家。

【吕】

相传伯夷帮助大禹治水有功，受封于吕地。春秋时，楚国灭吕，吕君的子孙就以国名为姓。南北朝时鲜卑族和五代十国时期北方少数民族中都有改姓吕的。吕姓名人：吕尚，又名姜尚，姜太公，周初名臣。吕不韦，战国末年著名政治家，令人编写《吕氏春秋》。吕蒙，三国时期吴国大将。

吕　蒙

【施】

鲁惠公的儿子字施父，曾在鲁国当大夫。到了鲁惠公第五代孙的时候，为了和其他的家族区分开，他们便用了施父的施字为姓。又说施是夏朝的诸侯国，古施国在今天湖北恩施一带。施姓名人：施耐庵，元末明初小说家，著有《水浒传》一书。施琅，清初著名水军将领。

【张】

黄帝的孙子挥很聪明，相传他观看天上的弧星，受到了启发，从而发明了弓箭，被黄帝封做弓正。弓正也叫张，后代便将二字合一，为张姓。另外，三国时诸葛亮给西南少数民族赐姓张。张姓名人：张仪，战国时代的纵横家。张良，西汉名臣。张衡，东汉科学家、文学家。张仲景，东汉医学家，被称为“医圣”，著有《伤寒杂病论》。张飞，三国时期蜀汉大将。张择端，北宋著名画家，有《清明上河图》传世。

张 良

孔曹严华　金魏陶姜

【孔】

周武王封商朝贵族微子启于宋地，建立宋国，微子启的后代有个名孔父嘉的，他的后代逃亡至鲁国，用祖父的字作为姓，便形成孔姓。孔姓名人：孔丘，即孔子，儒家学派创始人，春秋末期伟大的思想家、政治家、教育家。孔融，汉末文学家，“建安七子”之一。孔尚任，清代著名戏曲家，代表作《桃花扇》。

孔　融

【曹】

周武王的弟弟叔振铎受封于曹，建立曹国，曹灭亡后，其后代便以国号为姓。另说，颛顼的后代，其五代孙陆终的第五子安，被大禹赐为曹姓。曹姓名人：曹操，三国时期政治家、军事家、诗人。曹丕，曹操的儿子，建立魏国，史称魏文帝。曹雪芹，清代作家，著有《红楼梦》一书。

曹　操

【严】

春秋时楚王侣的后代以其谥号为姓氏。东汉时，为避明帝刘庄讳，庄姓的百姓便以同义词严做姓。严姓名人：严颜，东汉末年名将。严复，近代启蒙思想家、翻译家。

【华】

宋戴公的儿子考父是宋国的上卿，受封于华邑，他的子孙便以地名为姓。华姓名人：华佗，东汉末年名医，擅长内、外、妇、幼、针灸各科，尤其擅长外科，发明了麻沸散和“五禽戏”。华罗庚，现代数学家。

【金】

金姓的来源较复杂，主要说法一是汉武帝时匈奴休屠王太子日磾归顺汉朝，被赐姓金；二是黄帝的儿子少昊称金天氏，其子孙便以金为姓。异族异姓中以金为姓的人很多。金姓名人：金日磾，匈奴人，西汉名臣。金圣叹，明末清初文学评论家。金农：清代书画家，“扬州八怪”之一。

金日磾

【魏】

周文王第十五个儿子的后代毕万屡立战功，晋献公就把魏地封给了他，他的后代魏斯与韩、赵一起分晋，建立魏国，后为战国七雄之一，被秦灭后，他的子孙就以国为姓。魏姓名人：魏无忌，魏国公子，史称信陵君。魏延，三国时期蜀国名将。魏徵，唐代政治家。

魏　徵

【陶】

一种说法是尧帝先住在陶，以制陶为业，后受封于唐，故称陶唐，后来他的子孙以他的居地名为姓，即陶姓。另一种说法是，周朝设立

陶渊明

陶正这种官职专门掌管制作陶器，他们的后代便从此以为姓氏。陶姓名人：陶渊明，东晋著名诗人。陶弘景，南朝医药家。陶行知，现代著名教育家。

【姜】

姜是我国最古老的姓氏之一，来源于远古的炎帝神农氏。神农氏出生于姜水河畔，于是他就以姜作为自己的姓，世代相传。姜姓名人：姜子牙，人称姜太公，周朝丞相。姜夔，南宋著名文学家、音乐家。

戚谢邹喻　柏水窦章

【戚】

春秋时期，卫国大夫孙林父受封于戚邑，他的子孙以封邑名为姓，即戚姓。戚姓名人：戚继光，明代抗倭名将，军事家。

【谢】

炎帝的后代申伯受封于谢国，于是他的子孙便以谢为姓。另外，南北朝时也有鲜卑人改姓谢。谢姓名人：谢道韫，东晋著名女诗人，谢安的侄女。谢灵运，东晋著名山水诗人谢玄的孙子。谢朓，南齐著名山水诗人。谢婉莹，即冰心，现代著名女作家。

【邹】

周武王封曹挟于邾国，战国初年改国号为邹，不久被楚所灭，后其部分子孙就以邹为姓。邹姓名人：邹忌，齐国人，战国时期名相之一。邹衍，战国时期阴阳家学派创始者。邹容资产阶级革命宣传家。邹韬奋，近代政治家、出版家。

【喻】

西汉苍梧太守谕猛的后代谕归改姓为喻，后世子孙便沿用喻姓。喻姓名人：喻良能，宋代学者。喻宗，清代书法家。喻学昌，清代医学家。

【柏】

出自远古的柏皇氏，传说柏皇居住在柏皇山，在今河南西平柏亭一带，他的子孙后代以此为姓。柏姓名人：柏招，相传为炎帝的老师。柏古，清代画家。

【水】

古代的治水英雄大禹的后代很多人做了水官，渐渐便以水为姓。

【窦】

夏仲康的皇后窦氏为了逃避寒浞之难，从墙洞中逃出，生下儿子少康。少康即位后，为了纪念母亲，就赐自己的小儿子龙受姓窦，从此龙受的子孙便以窦为姓。窦姓名人：窦婴，西汉名相，封魏其侯。窦禹钧，即宋本《三字经》中的窦燕山，五代时人，教子有方，五个儿子后来都考中进士，时称“五子登科”，被传为美谈。

【章】

姜子牙的一个儿子受封于鄣，鄣国被灭后，鄣国的子孙便把国号“鄣”去掉部首，作为姓氏，表示失去国家之意。章姓名人：章邯，秦末重要将领。章学诚，清代史学家。章炳麟，近代思想家、民主革命家，著名学者。

云苏潘葛　奚范彭郎

【云】

出自妘姓，相传祝融在帝喾时受封于郓罗，号妘子，其子孙便以妘为姓，后逐渐省去偏旁形成云姓。

【苏】

颛顼的后代陆终的儿子昆吾，被封在苏，子孙便以地名为姓。另外，北魏鲜卑族中也有改姓苏的。苏姓名人：苏秦，战国时期著名政治活动家。苏武，汉代使者，出使匈奴被扣留。苏轼，“唐宋八大家”之一，与其父苏洵、其弟苏辙合称“三苏”。

苏 武

【潘】

周文王之子毕公高封他的儿子季孙于潘，他的子孙便以封地为姓。又说出自芈姓，是楚成王的后代，楚穆王的大臣潘崇是这一支潘姓的始祖。北魏鲜卑族也有改姓潘的。潘姓名人：潘安，西晋文学家。

【葛】

上古夏朝时有诸侯国葛国，国君叫葛伯，他的子孙以国名为姓，世代相传。葛姓名人：葛洪，晋朝著名思想家、医药学家，著有《抱朴子》一书。葛云飞：近代史上抗英名将。

【奚】

黄帝赐儿子禺阳姓任，禺阳的后代奚仲为车正，掌管车马，他的子孙便以他名字中的奚字为姓。奚姓名人：奚子皙，孔子弟子，“七十二贤人”之一。

【范】

帝尧的后裔受封于范地，其后代遂以邑为姓。范姓名人：范蠡，春秋末期政治家。范晔，南朝宋史学家，著有《后汉书》一书。范仲淹，北宋著名政治家、文学家。

范仲淹

【彭】

颛顼的后裔陆终的第三个儿子叫篯铿，他就是传说中的彭祖。尧帝把彭城赐给彭祖做封地，彭祖建立大彭国，其子孙便以彭为姓。汉代以后也有少数民族改姓彭的。彭姓名人：彭越，汉初大将。彭德怀，我国现代无产阶级革命家、军事家。

【郎】

鲁懿公的孙子费伯率领军队驻扎郎城，他的子孙世代都住在郎城，于是他们便以城的名字为姓。郎姓名人：郎平，20 世纪 80 年代中国女排队长，现中国女排主教练，曾五次夺取世界冠军。

鲁韦昌马　苗凤花方

【鲁】

周公旦被封在鲁，但其一直在都城辅佐周成王，于是让他的儿子伯禽受封于曲阜，他的子孙就以鲁为姓。东晋的乌桓、清朝满族中也有易姓为鲁的。鲁姓名人：鲁仲连，战国时擅长雄辩的名士。鲁肃，三国时期吴国名臣。

鲁仲连

【韦】

夏朝少康帝封元哲于豕韦，元哲建立韦国（今河南滑县南），后人以国名为姓。韦姓名人：韦应物，唐代诗人。韦昌辉，清末太平天国将领。

【昌】

黄帝有个儿子叫昌意，其子为颛顼，颛顼的儿子中有一支以祖父的字为姓氏。昌姓名人：昌义之，南北朝时梁国将军。昌海，明代高僧。

【马】

战国时赵国的将军赵奢，屡立战功，被赵惠文王封于马服，人称马服君，其子孙就以其号为姓，后简化为马。西北少数民族中改姓马的较多。马姓名人：马融，东汉学者。马超，东汉末名将。马致远，元代戏曲家。

马援

【苗】

楚国大夫伯棼篡夺王位失败，他的儿子逃到了晋国，受封于苗邑，他的后代便以地名为姓。苗姓名人：苗守信，宋代著名历史学家。

【凤】

凤姓是以官名为姓氏的，据说颛顼帝的儿子为帝的时候，凤鸟氏任历正，他的子孙便以凤为姓。凤姓名人：凤纲，汉朝著名医学家。

【花】

古代无花字，通作“华”。唐朝时“花”与“华”的字意渐渐区分开来，后便多了花姓。花姓名人：花木兰，古代替父从军的巾帼英雄。

【方】

西周后期周宣王的大夫方叔，为周朝的复兴做出了巨大贡献，方叔的子孙为了纪念他，便用他的方字为姓氏，另说出自姜姓神农氏的后代帮助黄帝讨伐蚩尤有功，被封于方山，于是子孙以方为姓氏。方姓名人：方孝孺，明朝大臣，著名文人。方苞，清代散文家。方志敏，我国现代无产阶级革命家。

方孝孺

俞任袁柳　酆鲍史唐

【俞】

俞姓源自黄帝时的名医俞跗，俞跗医术高明，他的后代便以俞为姓。俞姓名人：俞大猷，明代抗倭名将，著有《剑经》，历史上第一个将武术引入军队训练的人。俞樾，清代著名学者。

【任】

黄帝的小儿子禺阳，被封在任，他的子孙后代便以封地为姓。任姓名人：任弼时，我国现代无产阶级革命家。

【袁】

舜的后代胡公满，他的裔孙叫诸，字伯爰，其孙子便以祖父名字中的爰字为姓，由于当时“爰”与“袁”相通，又称姓袁。袁姓名人：袁绍、袁术，汉末群雄之一，两人为兄弟。袁崇焕，明末名将。袁枚，清代诗人。袁隆平，当代著名杂交水稻专家。

袁崇焕

【柳】

周公孙鲁孝公的后代展禽，因品行端方，死后谥号为惠，因受封于柳下，他的子孙便以封地中的柳字为姓。苗、水、满、蒙古、朝鲜等民族中也有柳姓。

柳姓名人：柳宗元，唐代文学家、哲学家。柳公权，唐代著名书法家。柳永，宋代词人。柳如是，明末清初著名才女。

柳宗元

【酆】

周文王第十七子被封在酆，子孙后代以封地称姓。

【鲍】

禹的后代敬叔在齐国任大夫，受封于鲍邑，于是他的子孙便以封地名为姓。北魏时也有鲜卑族改姓鲍的。鲍姓名人：鲍叔牙，春秋齐国相国。鲍照，南朝文学家。

【史】

黄帝时的史官仓颉创造了汉字，他的子孙便以他的官名为姓。隋唐时西域的康国和突厥族中归附中土的，也有以史为姓的。史姓名人：史思明，唐代将领，参与安禄山叛乱，史称“安史之乱”。史可法，明末抗清将领。

史可法

【唐】

尧的儿子丹朱被舜封为唐侯，建立了唐国，唐国灭亡后，唐国的子孙便以国号为姓。原来尧的后代则迁到杜，称唐杜氏。这两支的子孙都以国名为姓氏。唐姓名人：唐寅，即唐伯虎，明代画家、文学家。

费廉岑薛　雷贺倪汤

【费】

大臣伯益辅助大禹治水有功，受封于费。伯益的儿子继位后，便以封地名为姓。另说，鲁桓公的儿子季友为大夫，食邑在费，他们的后代都以地名作为姓氏。费姓名人：费祎，三国时蜀国名相。费孝通，现代著名社会学和人类学家。

【廉】

颛顼的后人有叫大廉的，大廉的后代就以祖先名字中的廉做姓氏。廉姓名人：廉颇，战国时赵国名将。

【岑】

周朝时，周武王把岑邑赐给他的堂弟渠，渠随后建立了岑国，他的子孙便以国名为姓。岑姓名人：岑参，唐代著名边塞诗人。

【薛】

黄帝的儿子禺阳第十二代孙奚仲的封地在薛，后建立薛国，薛国被楚兼并后，公子登为大夫，遂命后代改为薛姓。北魏鲜卑族和其他北方少数民族中改姓薛的也很多。薛姓名人：薛仁贵，唐代名将。

【雷】

一说出自黄帝一族。相传黄帝时期有位大臣叫雷公，他精通医术，其后人便以祖先的名字为姓。雷姓名人：雷锋，乐于助人的模范。

【贺】

齐桓公的孙子庆克的儿子庆封以父名为姓，称为庆姓。东汉时他的后代为了避开汉安帝父亲刘庆的名讳，便改姓同义字“贺”。贺姓名人：贺知章，唐朝诗人、书法家。贺龙，现代无产阶级革命家、军事家，共和国“十大元帅”之一。

【倪】

春秋时期，邾武公将次子封于郳，建立郳国，其子孙便以国名郳为姓，后郳被楚所灭，其子孙为避仇，遂将“郳”改为“倪”。倪姓名人：倪瓒，元代著名画家。倪志钦，我国著名跳高运动员。

【汤】

商朝的开国皇帝成汤建立了商朝后，他的一部分子孙便以他的字“汤”为姓。汤姓名人：汤显祖，明代戏曲作家、文学家，代表作《牡丹亭》广为流传。

滕殷罗毕　郝邬安常

【滕】

周武王把他的弟弟叔绣封于滕，建立滕国，他的子孙便以国名为姓。滕姓名人：滕子京，北宋人，与范仲淹同年中进士，贬官至湖南岳阳后重修岳阳楼，遂有范仲淹千古名篇《岳阳楼记》。

【殷】

商朝原来的都城在亳，到第十代君王的时候，都城迁到了殷，商朝亦称为殷。商朝灭亡后，后代便以殷为姓。

【罗】

罗姓是祝融的后代，东周的时候建立了罗国，春秋时被楚所灭，他们的后代便以故国名为姓。罗姓名人：罗贯中，元末明初小说家，著有《三国演义》一书。

【毕】

周文王第十五个儿子高被封于毕国，历史上称为毕公高，他的后代便以毕为姓。北朝时鲜卑族中也有改姓毕的。毕姓名人：毕昇，宋代人，活字印刷术的发明者。

【郝】

一说商朝帝乙把郝乡赐给了儿子期，期的后代便以封地为姓。另说出自太昊氏，太昊的弟弟省封在郝，子孙以封地为姓氏。郝姓名人：郝隆，晋代名士，家境贫寒，非常好学。有一年七月初七，有钱人家把衣服拿出来晒太阳，郝隆仰卧着晒太阳，说是晒腹中书。

【邬】

春秋时期，颛顼曾孙陆终的四子求言受封于邬，他的子孙便以封地名为姓。

【安】

黄帝的儿子昌意有子名安，住在西戎，建立安息国。春秋时，其子孙回到中原，乃以安为姓。安姓的另外一支是后魏皇帝给予少数民族的赐姓。

【常】

黄帝时司空叫常先，常先的后代子孙以他的名字中的常字为姓。另说是周武王的弟弟康叔的后代。常姓名人：常遇春，明代大将。常香玉，我国著名豫剧表演艺术家。

乐于时傅　皮卞齐康

【乐】

春秋时宋戴公的儿子公子衎，字乐父，子孙便以先祖的字为姓氏。乐姓名人：乐毅，战国时著名军事家。乐茂盛，我国著名举重运动员。

乐　毅

【于】

周武王灭商以后，他的儿子被封在邘国，子孙便以国名为姓，并去掉偏旁简化为于。北魏和唐代都有改姓为于的。于姓名人：于谦，明代名臣，民族英雄。

【时】

春秋时宋国的大夫公子来，封地在时，子孙于是以时为姓氏。时姓名人：时传祥，城市清洁工，20 世纪 50 年代全国劳动模范。

【傅】

商王武丁的宰相傅说本是个没有姓名的奴隶，商王武丁是在一个叫傅岩的地方找到了他，所以傅说的后代便以地名为姓。傅姓名人：傅说，商朝名相。傅雷，现代著名文艺翻译家。傅抱石，现代画家、美术教育家。

傅 说

【皮】

春秋时，鲁献公的儿子樊仲皮被封于樊，他的后代便以祖先名字中的皮字作为自己的姓。皮姓名人：皮日休，唐代著名诗人。

【卞】

黄帝有个儿子叫龙苗，他的孙子明受封于卞国，史称卞明，后来他的后代子孙便以国号为姓。另说周武王的弟弟叔振铎的后代在鲁国做官，被封在卞，子孙以地名为姓。卞姓名人：卞和，春秋楚国人，和氏璧的发现者。

【齐】

周朝初年，姜太公因辅佐周王而被封于齐国，他的子孙便以国号为姓。春秋时卫国有大夫齐子，本为姬姓，字为齐子，其子孙以祖先之字为姓，成为齐姓一支。齐姓名人：齐白石，现代书画家、篆刻家，擅长画虾。

【康】

春秋时卫国国君康叔的后代以祖先的谥号为姓氏。另说，汉时西域有康居国，其五室子孙一支归附中土，在河西定居，以康为姓，这是甘肃的康氏。康姓名人：康进之，元杂剧作家作品《李逵负荆》。康有为，清末维新运动领袖，近代启蒙思想家。

伍余元卜　顾孟平黄

【伍】

春秋时期楚庄王的大夫伍参，其后代以伍为姓。伍姓名人：伍子胥，春秋时期吴国大夫。

伍子胥

【余】

春秋时，秦国有个大臣名叫由余，由余本是晋国人，后被秦穆公留在秦国任用，使秦国成为西方霸主，他的子孙便以他的名字为姓。余姓名人：余秋雨，当代著名作家，文化学者。

【元】

春秋时卫国大夫晅被封于元（今河北大名县），他的后代便以元为姓。北魏孝文帝大力推广汉制，将本姓拓跋氏改汉姓元。元姓名人：元稹，唐朝诗人，代表作《莺莺传》。元好问，宋金时期著名文学家。

元 稹

【卜】

周文王的儿子滕叔绣为朝廷的太卜，他的后代就以其官职名为姓。卜姓名人：卜商，孔子弟子，“七十二贤人”之一。

【顾】

夏朝昆吾氏的子孙受封于顾国，后来被成汤所灭，顾国王室子孙便以国号为姓。另说越王勾践的后代在汉代封为东海王，顾摇是这一支顾姓的始祖。顾姓名人：顾恺之，晋代画家。顾炎武，清代思想家、学者。

【孟】

鲁桓公的儿子仲庆父是鲁国的公卿，因其作乱被引以为耻，其后代将仲孙改为孟孙，后又简化为孟姓。另说卫国公孟絷之后，子孙以其字为姓。孟姓名人：孟轲，战国时期思想家、

孟浩然

政治家、教育家。孟浩然，唐代著名诗人。

【平】

战国时韩哀侯的小儿子婼封于平邑，他的子孙就以封地为姓。另说齐国相晏平仲的后代，以其父名为姓。

【黄】

周朝初期，陆终的子孙受封于黄，黄国被楚灭后，其子孙以国名为姓。唐代邕管少数民族也有黄姓。黄姓名人：黄歇，战国时号春申君，曾为楚相。黄巢，唐末农民起义领袖。黄庭坚，北宋著名诗人、书法家。黄宗羲，明末清初大思想家。

和穆萧尹　姚邵湛汪

【和】

尧帝时，有位名叫羲和的大臣掌管天文，其后代以此为荣，遂以和为姓。另有一说为卞和的后代。

【穆】

为宋穆公后代，另说出于姬姓，为周穆公后代，均以祖先的谥号为姓氏。穆姓名人：穆青，当代著名记者。

【萧】

春秋时宋国微子启的孙子被封于萧，后来萧国被灭，萧国的王族便以国号为姓。萧姓名人：萧何，汉初大臣，被誉为“兴汉三杰”之首。萧统，南朝梁的昭明太子，有《文选》传世。

萧　何

【尹】

少昊的儿子殷的封地是尹城，于是殷的子孙便以封地名为姓。另说以官职为姓氏，因为尹也是官职。尹吉甫，周宣王时名臣，《诗经》的主要采集者。

【姚】

相传虞舜出生于姚墟，所以他的后代以他出生地为姓。姚姓名人：姚崇，唐代三朝宰相。姚鼐，清代散文学家。

姚 崇

【邵】

周朝的召公被封在召，他的子孙以地名为姓，召姓后人中有的在召旁加邑(阝)，表示封邑之意，遂组成邵字，以之为姓。邵姓名人：邵雍，北宋哲学家，一生研究《易经》。邵逸夫，著名电影事业家。

【湛】

为夏王室的同姓。另说夏代的诸侯有斟灌氏，后代为避祸取两字的一半合为湛姓，又说源于地名。

【汪】

上古虞舜及夏代，商代都有汪芒氏古国，子孙以国名为姓，后单称汪氏，即姓汪。另说鲁桓公的后代有封邑于汪，因地得姓。汪姓名人：汪元量，宋代词人。汪士慎，清代书画家，“扬州八怪”之一。

祁毛禹狄　米贝明臧

【祁】

尧帝姓伊祁，于是他的子孙中有一部分人以字为姓。另说晋献侯的后代被封在祁，后代以封地为姓氏。祁姓名人：祁奚，晋国大夫，以“内举不避亲，外举不避仇”而闻名。

【毛】

周文王的第八子叔郑被封在毛，称毛伯，世代为周天子大臣，后代以国号为姓氏。毛姓名人：毛亨，相传是“毛诗”的开创者，世称“大毛公”。毛泽东，中国共产党卓越领袖和新中国缔造者。

【禹】

禹姓是治水的大禹的后代。另一个说法是春秋时有鄅国，鄅国亡国后，鄅国的人便把国号去掉部首，姓禹。

【狄】

周代的时候，狄族活动于齐、鲁、晋、卫之间，其后世子孙便以族名为姓。另说周成王的舅舅受封于狄城，他的子孙便以狄为姓。狄姓名人：狄仁杰，

狄仁杰

唐代名臣，擅长断案。

【米】

隋唐时，西域有个米国，当时常有米国人来中原定居，他们以国名为姓，后来便形成了米姓。另说出自芈姓。米姓名人：米芾，北宋书法家。

【贝】

周朝召康公的儿子封在浿丘，后代因地得姓。另说古时浿国为燕国，其子孙以国名为姓，后去偏旁为贝氏。贝姓名人：贝聿铭，当代著名建筑专家。

【明】

远古的燧人氏的大臣有明由，明由的子孙以明为姓氏。另说秦国丞相百里奚的儿子孟明视，打败了晋军。他的子孙为纪念他，便以他的字“孟明”中的明字为姓。明姓名人：明玉珍，元末大夏政权的建立者。明安图，清代蒙古族杰出的数学家、天文学家。

【臧】

春秋时，鲁孝公的儿子彄被封在臧，他的子孙以臧为姓。另鲁惠公的儿子名欣，字子臧，他的后代用他的字为姓氏。臧姓名人：臧克家，现代著名诗人。

计伏成戴　谈宋茅庞

【计】

夏商时有计国，是夏禹后人的封国，计国被周人灭后，禹的后人就以封国名为姓。另说周武王封少昊的后代在莒，建立莒国，以计斤为都城，子孙因地得姓。计姓名人：计楠，清代画家，尤喜画梅，时称“计红梅”。

【伏】

伏羲氏的后代，以伏羲的号为姓氏。另说北魏时，有个人名叫侯植，武艺绝伦，后被赐姓侯伏氏，后代遂取其中的伏字为姓。伏姓名人：伏明霞，当代著名跳水运动员。

【成】

周文王第五个儿子叔武的封地在郕，建立郕国，他的后代以国名为姓，有的去掉偏旁以成为姓。成姓名人：成仿吾，现代教育家、文学家和翻译家。

【戴】

西周时的小国戴国被灭后，后代子孙以国名为姓。另有春秋时宋戴公，戴是其谥号，子孙后代便以他的谥号为姓。戴姓名人：戴震，清代思想家、学者。戴望舒，现代著名诗人。

【谈】

周朝大夫籍谈的后代在秦朝末年，为避西楚霸王项籍的讳，改姓谈。另说商朝贵族微子启封于宋，传到三十六代有谈地封邑的谈君，其子孙以谈为姓，表示不忘故国。

【宋】

周武王灭商朝后，周公把商丘封给纣王的哥哥微子启，微子启建立了宋国，他的子孙就以宋为姓。宋姓名人：宋玉，战国时楚国文学家。宋之问，唐代诗人。宋祁，北宋文学家、史学家。

【茅】

周公的第三个儿子被封于茅，并建立茅国，后茅国被邹国灭亡，茅国公族子孙便以国名为姓。茅姓名人：茅以升，现代著名桥梁建筑学家。

【庞】

周文王的儿子毕公高的后代受封于庞，子孙便以封地为姓。另说出自高阳氏，是颛顼的后代。庞姓名人：庞涓，战国时期魏国名将。庞统，三国时与诸葛亮并称“卧龙凤雏”，刘备的军师。

熊纪舒屈　项祝董梁

【熊】

相传黄帝建都于有熊，又称有熊氏，后代有的以地名为姓，称熊姓。另外，商末楚地有位老人叫鬻熊，很有学问，曾做过周文王的老师，著有《鬻子》一书。他的后代以祖先的名字为姓。熊姓名人：熊廷弼，明代军事家。

【纪】

纪姓是炎帝的后代，据说周武王把纪这个地方封给了炎帝的后代，他们建立了纪国，子孙后代就以国号为姓。纪姓名人：纪君祥，元代戏曲家，代表作《赵氏孤儿》。纪昀，即纪晓岚，清代乾隆年间名臣。

纪晓岚

【舒】

皋陶的后代封在舒，其子孙以国号为姓。舒姓名人：舒庆春，即老舍，现代著名文学家。

【屈】

春秋时楚武王的儿子在楚国当莫敖，他的封地在屈地，他的子孙便以地名为姓。北魏时，北方少数民族也有改姓屈的。屈姓名人：屈原，战国时期楚国伟大诗人。

【项】

春秋时期，楚国公子燕受封于项城，建立项国，春秋时项国被齐国所灭，王室后代以故国号为姓氏。项姓名人：项羽，秦末农民起义领袖，自封“西楚霸王”。

项　羽

【祝】

周武王灭商，封黄帝的后代于祝，其后世子孙就以祝为姓。另说上古时祭祀中主管致辞的官员叫祝、太祝或祝史，后代以官名为姓。祝姓名人：祝枝山，明代才子，书法家、文学家。

【董】

周代有虞国人名董父，他为舜帝驯养蛟龙，他的后代便以董为姓。又说周朝有大夫辛有，辛有有两个儿子在晋国任太史，监督晋国的典籍史册，他的子孙世袭晋国史官，因监督之责在《尚书》中称为“董”，子孙遂以官为姓氏，称董氏。董姓名人：董仲舒，西汉哲学家。董宣，汉代名臣，刚直不阿，被称为“强项令”。董其昌，明代大书法家。

董仲舒

【梁】

周平王封秦仲第二个儿子康到夏阳梁山，康建立了梁国。后来秦穆公灭了梁国，梁国的子孙便以国号为姓。梁姓名人：梁鸿，东汉著名隐士、诗人。梁启超，近代维新派代表人物、学者。梁思成，现代著名建筑学家。

杜阮蓝闵　席季麻强

【杜】

杜为尧的后裔的封地，尧的后代建立唐国，人称“唐杜氏”。后来唐被周成王所灭，留在杜的子孙便以杜为姓，世代相传。另说杜姓子孙是黄帝时善于酿酒的杜康的后代。杜姓名人：杜如晦，唐初名臣。杜甫，唐代著名诗人，人称“诗圣”。杜牧，唐代著名诗人，代表作《阿房宫赋》。

杜　牧

【阮】

皋陶的后代被封于阮国，在汾水、渭

水之间（今甘肃省泾川县境内），阮国被周灭了以后，阮国的子孙便以国号为姓。阮姓名人：阮籍，三国时期魏国诗人，“竹林七贤”之一。

【蓝】

楚王室后代被封在蓝，子孙因地得姓。另说梁惠王时，秦王的儿子向被封于蓝邑，他的后代以地名为姓，称蓝姓。

【闵】

春秋时鲁庄公的儿子当了两年国君就被庆父杀害，谥号闵，历史上称他为鲁闵公。他的子孙便以他的谥号为姓。闵姓名人：闵子骞，孔子弟子，“七十二贤人”之一。

闵子骞单衣顺母

【席】

尧为部落首领的时候，遇到一个自称为席氏的老翁，击壤而歌。尧拜他为师，席师就是席氏的先祖。另说春秋时期，晋国有大夫籍谈，他的后代在秦末为了避项羽的讳，将籍改为席，从此形成席姓。席姓名人：席慕蓉，台湾当代女诗人。

【季】

上古陆终的小儿子季边，他的后代以祖先排行为姓。另有春秋时期，鲁庄公的弟弟季友平定了庆父之乱，其子孙便以季字为姓。季姓名人：季布，秦末汉初的游侠，以“一诺千金”闻名。

【麻】

先秦时，楚国的公族熊婴离开楚国来到了齐国，封地在麻，改姓麻氏。另说，春秋时，楚国有熊姓大夫食邑于麻，其后代子孙以封邑为姓，称麻姓。

【强】

黄帝的玄孙中有叫禺彊的，他的后代以彊为姓，因古代“彊”与“强”相通，所以后来改为强姓。另说春秋时期，齐国公族中有个叫公孙彊的，彊和强在古代通用，后代以先祖的字为姓。

贾路娄危　江童颜郭

【贾】

周康王封贾地给叔父唐叔虞的儿子公明，公明人称贾伯，贾国灭亡后他的子孙便以国名为姓，称贾姓。贾姓名人：贾谊，西汉政论家、文学家。贾思勰，北魏农学家，著有《齐民要术》一书。贾岛，唐代“苦吟派”诗人。

贾　谊

【路】

帝喾高辛氏的孙子玄元在尧时立了大功，被封在中路，后来建立路国后代便以路为姓。一说黄帝为首领时，封炎帝支子于潞地，其后代子孙以封地为姓，后去偏旁为路氏。路姓名人：路遥，当代著名作家。

【娄】

周武王封少康的后代于杞地，建立杞国，杞国被灭后，东楼公有部分后代住在娄邑，他们以地名为姓，称娄姓。

【危】

相传虞舜的时代有三苗部落，因参与叛乱被迁往三危，其后代便以危为姓。另外，明初文学家危素之祖本姓黄，他改姓危后，其后人亦称危氏。危姓名人：危素，明初文史学家。

【江】

为大禹助手伯益后代的一支，受封在江，并建立了江国，江国灭亡后子孙就以地名为姓。江姓名人：江淹，南朝文学家。

【童】

春秋时晋国的大夫胥童，他的子孙以童为姓。另说，颛顼帝的儿子老童，他很有音乐天分，擅长唱歌，他的后代以其字为姓。童姓名人：童自荣，著名配音演员。童第周，现代著名科学家。

【颜】

颜姓先祖在西周。周武王封上古陆终的后代于邾，邾国的后裔中有一人名夷父，字伯颜，他的子孙就以祖先的字为姓。另说，周公旦的后裔受封于颜邑，其子孙遂以颜为姓。颜姓名人：颜渊，孔子的学生，“七十二贤人”之一。颜之推，北齐教育家、文学家，著有《颜氏家训》。颜真卿，唐代书法家。

【郭】

周武王封王室宗亲虢叔于虢，封虢仲于东虢，另有一支建立北虢，东虢、西虢、北虢灭亡后，子孙均以国名为姓，因虢、郭声音相近，其

郭子仪

子孙就以国名的谐音字郭为姓。郭姓名人：郭子仪，唐代名将，平定了“安史之乱”。郭沫若，现代作家、诗人、历史学家。

梅盛林刁　钟徐邱骆

【梅】

殷商时，商王太丁封他的弟弟于梅，世称梅伯，商朝灭亡后，梅伯后人被武王封于黄梅，梅伯的子孙便以封地为姓。清代满族人也有改姓梅的。梅姓名人：梅尧臣，宋代文学家。梅兰芳，现代著名京剧表演大师。

梅尧臣

【盛】

周朝初期有一个盛国，到春秋的时候，盛国被齐国灭了，盛国的后代便以国号为姓。另外，清八旗中也有汉化改姓盛的。

【林】

比干是商纣王叔父，他被纣王所杀，他的妻子逃到树林里，生下了儿子坚。后来坚和母亲得到了周武王的礼待，因为他是在树林里出生，所以周武王赐他姓林。林姓名人：林逋，宋代诗人，有“梅妻鹤子”之称。林则徐，清代禁烟抗英的民族英雄。林语堂，现代著名文学家。

林则徐

【刁】

周朝初年分封有雕国，雕国子孙后来改成同音字刁姓。春秋时代齐国和晋国姓刁的最多。

【钟】

周代伯益的后人被封在钟离国，国人称钟离氏，后因避难而改复姓钟离为钟。钟姓名人：钟繇，三国时书法家。

【徐】

禹封伯益的儿子若木在徐后建立徐国，夏商周三代世世代代为诸侯，后来徐国灭亡，其子孙遂以国名为姓。徐姓名人：徐光启，明代科学家。徐霞客，明代地理学家、旅行家。徐悲鸿，现代著名画家。徐志摩，现代新月派诗人。

徐光启

【邱】

为姜太公的后代。西周时，姜太公被封于齐并建立了齐国，都城在营丘，他的子孙后来就以地名为姓，后世为避孔子名讳，将偏旁称为邱姓。邱姓名人：邱少云，中国人民志愿军战地英雄。

【骆】

世代居住在太丘的大骆，其子以父亲之名建大骆国。周厉王时，大骆国被西戎所灭，子孙后代遂以骆为姓氏。另说姜子牙有个儿子叫骆，他的后代便以他的名字为姓。骆姓名人：骆宾王，唐代文学家，“初唐四杰”之一。骆玉笙，现代著名曲艺表演艺术家。

高夏蔡田　樊胡凌霍

【高】

神农氏的后代齐太公的第六代孙子文公的封地在高，开始有高姓，高姓世代为齐国公卿。高姓名人：高渐离，战国末年义士，荆轲好友。高适，唐代诗人。

【夏】

禹治水有功，舜把王位让给了禹，禹死后，他的儿子启继承了王位，建立了夏朝，从此便出现了夏姓。夏姓名人：夏完淳，明代爱国诗人。

【蔡】

周文王第五个儿子叔度被封于蔡，建立蔡国，蔡国被楚所灭后，他的后人便以国号为姓。另说出自黄帝之后的姓。蔡姓名人：蔡伦，东汉发明家，他改良了造纸术使之得以普及。蔡文姬：东汉女诗人。蔡元培，近代教育家。

蔡 伦

【田】

陈厉公的儿子陈完为躲避内乱逃到了齐国，改称田姓，他的子孙遂以田为姓。田姓名人：田忌，战国时著名军事家。田横，原为齐国贵族，秦末时不肯向刘邦称臣，复齐自立为齐王。田汉，近代剧作家、诗人。

田穰苴

【樊】

商王室七族之一有樊氏。另有周文王的儿子虞仲的后代仲山甫因治国有功被周王室封于樊地，他的后代便以封地名为姓。樊姓名人：樊於期，战国时秦国将军。樊哙，汉初开国名将。樊崇，新莽末年农民起义领袖。

樊 哙

【胡】

周武王封舜的后代妫满为陈侯，谥号为陈胡公，是陈国开国君主，他的后代中有一些人以地名为姓氏，有一些人以他的谥号中的“胡”为姓。胡姓名人：胡雪岩，清代著名富商。胡林翼，晚清名将。胡适，现代著名学者，新文化运动的领袖。

【凌】

古时候宫廷里用的冰块叫凌，而掌管冰的官叫凌人。周武王的弟弟卫康叔的儿子在宫中担任凌人，他的后代就以他的官职为姓，于是便有了凌姓。

【霍】

周武王弟弟处被封于霍国，人称霍叔，霍叔与管叔、蔡叔同为三监，监视商后人武庚。而三监却同武庚勾结起来叛乱，失败后霍叔被废为庶人，后霍国被晋所灭，后代以国名为姓。霍姓名人：霍去病，西汉名将，两次大败匈奴。霍光，霍去病的母弟，西汉重臣。霍元甲，清末著名武术家。

霍去病

虞万支柯　咎管卢莫

【虞】

远古舜帝有一个称号叫有虞氏，所以舜帝又称虞舜。他的一部分子孙就将虞作为自己的姓称为虞姓。虞姓名人：虞世南，唐代书法家。

【万】

春秋时，晋国有大夫毕万，他的子孙以祖父的字为姓，称万姓。南北朝时鲜卑族中也有改姓万的。万姓名人：万家宝，即曹禺，现代剧作家。

【支】

古代西域有月氏国，也称月支，到魏晋南北朝时，大、小月支一部分人留居中原并渐渐汉化，依汉俗以支作姓。另说尧舜的时代有支父，是支姓的祖先。

【柯】

春秋时吴国的公子柯卢，他的后代以柯为姓，从而形成柯姓。

【昝】

一说在商朝时，有宰相咎单。由于咎在上古时期有不吉利的含义，所以后代在咎字上加一笔，以昝为姓氏。昝姓名人：昝殷，唐代医学家，撰有《经效产宝》一书，是我国现存较早的一部妇产科专著。

【管】

武王灭商后建立周朝，封三弟叔鲜于管，称管叔鲜。后来管叔与蔡叔发动叛乱，被周公旦所杀，后代以国号为姓。另说，春秋时管仲的子孙开始姓管。管姓名人：管仲，春秋初期政治家。

管　仲

【卢】

齐文公的孙子傒因为有功被封于卢，他的子孙便以地名为姓。北魏时也有他族改姓卢的。卢姓名人：卢照邻，唐代诗人，“初唐四杰”之一。卢纶，唐代诗人。

【莫】

春秋时，楚国有一个官职叫莫敖，一些长期担任莫敖的人便被称为莫敖氏，后来演变为单姓莫姓。

经房裘缪　干解应宗

【经】

春秋时期郑武公的小儿子共叔段被封于京，人称京城太叔。子孙便以地为姓氏，后来为了避仇，于是将京姓改为经姓。

【房】

尧觉得舜比儿子丹朱有才能，把帝位让给了舜。舜即位后封丹朱于房建国，其子孙就以房为姓。房姓名人：房玄龄，唐代宰相。

房玄龄

【裘】

春秋时卫国大夫受封于裘地，其子孙遂以裘为姓。一说周朝裘官（管理皮革）的后代，以祖先的官名为姓氏。还有说是由仇姓所改。

【缪】

秦穆公的后代。古时缪与穆音同，故秦穆公一部分子孙以缪为姓。缪姓名人：缪希雍，明代医药学者，著有《神农本草经疏》《本草单方》等书。

【干】

春秋时有一个叫干的小国，干国灭亡后，国人便以国号为姓。又说宋国有一位大夫名叫干犨（chōu），其子孙以先祖的字为姓。干姓名人：干将，春秋时吴国铸剑师。干宝：晋代文学家，著有《搜神记》一书。

干莫炼剑图

【解】

周成王的弟弟唐叔虞的儿子封地在解地，他的后代便以封地名作为姓。另外，春秋时期周王朝的京畿分为大解和小解。居住在这两个地方的人后来也以解为姓。解姓名人：解缙，明代第一位内阁首辅，学者。

【应】

周武王第四个儿子的封地在应，其子孙便以国名为姓。应姓名人：应玚，东汉末年文学家，“建安七子”之一。

【宗】

周朝有宗伯，掌管国家祭祀典礼之官名，是六卿之首，宗伯的后代便以祖先的官职为姓。宗姓名人：宗悫，南朝宋名臣，少年时立下远大志向，为成语“乘风破浪”的出处。宗泽，宋代抗金名将。

宗 泽

丁宣贲邓　郁单杭洪

【丁】

齐太公的儿子是周成王的重臣，他死后谥号丁公，他的后代便以他的谥号为姓。另说殷商的诸侯国中有丁国，武王伐纣时丁国被灭，其部落子孙便以丁为姓。丁姓名人：丁汝昌，清末海军将领。丁肇中，当代著名美籍华裔科学家，诺贝尔物理学奖获得者。

【宣】

周朝君王姬静死后，封谥号为宣，称为周宣王，他的后代便以他的谥号为姓。

【贲】

春秋时鲁国有大将贲父，其后人以贲为姓。另说出自嬴姓，是秦非子的后代。

【邓】

商王武丁把叔父曼季封在邓，建立邓国，后被楚所灭，子孙以故国号为姓氏。另说，南唐灭亡后，后主李煜的后代出逃，改姓邓氏。邓姓名人：邓通，汉文帝宠臣，铸造的钱通行全国，称为“邓氏钱”。邓禹，东汉开国功臣。邓世昌，清末海军将领。

邓 艾

【郁】

古代郁国为春秋时吴大夫的封地，其后人便以地名为姓。另说为春秋时鲁国宰相郁黄的后代，子孙以先祖的字为姓氏。郁姓名人：郁达夫，现代著名作家。

【单】

周成王封小儿子臻于单邑，他的子孙便以封地名为姓。单姓名人：单雄信，隋唐之际的名将。

【杭】

大禹治水后，留下许多船只，禹让他的儿子管理这些剩余的航船，封国在余航，后人改航为杭，以杭为姓。杭姓名人：杭天琪，我国现代著名歌手。

【洪】

神农氏之后共工的后代。共工氏为远古著名的治水部落，本姓共，后来改为洪。又一说为卫国大夫弘演的后代，唐高宗时为了避王子李弘的讳，改洪氏。洪姓名人：洪秀全，清末太平天国领袖。洪昇，清代著名戏曲家。

包诸左石　崔吉钮龚

【包】

春秋时楚国大夫申包胥在吴军攻楚时去秦求援，他的行为感动了秦哀公，出兵救楚，他的后代以先祖名字中的包为姓氏。包姓名人：包融，唐代的诗人。包拯，宋代的名臣，他为官清正廉洁，铁面无私。

包　拯

【诸】

越王的后裔无诸建立闽越国，无诸的子孙就以祖先的字为姓氏。另说，鲁国有诸邑，在诸邑任民职受俸禄的大夫的子孙以诸为姓。

【左】

楚王鬻熊的后代倚相为楚威王时的左史（史官），子孙因此以祖先的官名左字为姓氏。另说，春秋时齐国君主的儿子有左公子和右公子之分，左公子的后代便以左字为姓，形成左氏。左姓名人：左丘明，春秋时鲁国人，多认为《左传》《国语》皆为他所著。左思，晋代的文学家。左光斗，明代的名臣。左宗棠：清朝名臣，洋务派重要代表人物。

【石】

春秋时公孙蜡，字石，是石姓的始祖，是卫国的贤臣，他的孙子以先祖的字为姓氏。石姓名人：石碏，春秋时卫国大夫。石申，战国时的天文学家，相传他测定了810颗恒星。石达开，清末太平天国的将领。

翼王石达开

【崔】

西周时，齐丁公的儿子季子把王位让给叔乙，叔乙把崔邑赐给季子，季子的子孙以地名为姓。崔姓名人：崔护，唐代诗人。崔白，宋代画家。

【吉】

周朝大夫尹吉甫的后代，以先祖的字为姓氏。又说黄帝的孙子在南燕，赐姓白吉，后改为吉。吉姓名人：吉鸿昌，现代著名抗日将领，民族英雄。

【钮】

钮姓的来源没有具体的记载，一般认为东晋的钮滔是钮姓的祖先。满清八族中有改汉姓为钮的。

【龚】

出自共工氏。共工氏是黄帝时治理水土的大臣，他的儿子句龙继承父业，其子孙后来为了避祸，在共字上添加与水有关的龙字，共龙两字合起来就是龚。龚姓名人：龚自珍，清代思想家、文学家。

程嵇邢滑　裴陆荣翁

【程】

颛顼的孙子重黎的后代被封于程，建立程国，子孙后代以国名为姓，称程姓。程姓名人：程婴，春秋著名义士。程咬金，唐代开国大将。程颢、

程　颐

程颐，北宋哲学家、教育家。

【嵇】

禹有一支子孙被封在会稽主持禹庙的祭祀，称会稽氏，西汉初年，会稽氏被迁往谯郡嵇山，因二者同音，于是改为嵇氏。嵇姓名人：嵇康，三国著名文学家、音乐家，“竹林七贤”之一。

【邢】

周公旦第四个儿子的封地在邢，他建立了邢国，他的子孙便以国号为姓。另说晋国的大夫韩宣子的后代封在邢，后来便以邢为姓氏。

【滑】

周王室的后代建立有滑国，春秋秦穆公时被灭亡，子孙以故国号为姓氏。

【裴】

伯益的后代非子的一部分子孙被封到裴（原字为上非下邑）乡，他的后世子孙便以封邑名为姓，后因改迁别地，便换为同音的裴字，称裴姓。裴姓名人：裴楷，魏晋时期名臣，是一位博览群书的美男子，人称“玉人”。裴秀：魏晋时期著名地图学家。裴行俭，唐代书法家。

【陆】

相传古帝颛顼的曾孙名终，受封于陆乡，人称陆终，他的子孙便以陆为姓。另说出自姜姓，齐宣王把他的小儿子通封在陆，于是以地而得姓。陆姓名人：陆贾，西汉思想家、文学家。陆逊，三国时吴国军事家。陆机，西晋著名文学家、书法家。陆羽，唐代著名茶道学家，被尊为“茶圣”。陆龟蒙，唐代诗人。陆游，南宋爱国诗人。

陆　游

【荣】

黄帝时有个音乐家荣将，铸造了十二口

铜钟，为黄帝演奏咸池之乐，被封在荣，后代以荣为姓氏。又说周成王有个卿士受封于荣邑，称为荣伯，他的子孙便以邑名为姓。荣姓名人：荣禄，清代军机大臣。

【翁】

西周时期周昭王的庶子受封于翁山，他的子孙后来就以邑地名为姓，形成翁姓。翁姓名人：翁卷，宋代诗人。翁方纲，清代书法家、金石学家。

荀羊於惠　甄麴家封

【荀】

周文王第十七个儿子的封地在郇，建郇国，被称为郇伯。郇国被灭后，郇伯的后人以国名郇为姓，后改“郇”为“荀”，这便有了荀姓。荀姓名人：荀子，即荀况，战国时思想家、教育家。

荀　子

【羊】

晋国大夫祁盈的后代封在羊舌，人称羊舌大夫，子孙称为羊舌氏。后去舌改为羊姓。羊姓名人：羊祜，西晋著名军事谋略家。

羊 祜

【於】

黄帝时有臣子名则，发明了用麻编织鞋子，结束了古人光脚的历史，因此被封于於，人称於则，他的子孙以於为姓。

【惠】

周惠王的后世子孙，以祖上的谥号惠字为姓。惠姓名人：惠施，战国著名哲学家，学问渊博，庄子曾称赞他“惠施多方，其书五车”。惠理，晋代高僧。

【甄】

古时制陶用的转轮叫甄，于是陶匠就叫甄工。舜在东夷教人制陶，他的子孙有的留在甄城做甄官，其后代便以这一官名为姓，称甄姓。

【麴】

麴即酿酒用的发酵物。周朝设有麴氏一官，担任酿酒之职。他们的子孙便以官职为姓氏。

【家】

周孝王之子家父的后代以祖先的字为姓氏。

【封】

炎帝的后代钜夏朝时被封于封父，他的子孙便以封地名为姓。封姓名人：封子绘，南北朝时齐国官员。

芮羿储靳　汲邴糜松

【芮】

西周初，周武王封姬姓司徒于芮，建立芮国，称芮伯，其后人遂以芮为姓。

【羿】

出自远古的东方部落有穷氏，是传说中射日英雄后羿的后代。有穷氏曾一度攻入夏朝的都城，赶走夏朝的天子，其后代改用他名字中的羿为姓。

【储】

上古有储国，其后代以国为姓。另有齐国大夫储子的后代，以祖先的字为姓氏。储姓名人：储光羲，唐代著名诗人。

【靳】

战国时，楚国的上官大夫尚，他的封地在靳，他的子孙以封地为姓。靳姓名人：靳辅，清代水利专家。

【汲】

卫宣公的儿子封在汲，后代以地名为姓氏。另外，齐宣公的裔孙封于汲，其子孙以封地为姓。汲姓名人：汲黯，汉武帝时名臣，推崇黄老学说。

汲 黯

【邴】

晋国大夫豫的后代，子孙因祖先被封在邴，遂以邴为姓。邴姓名人：邴吉，汉宣帝时宰相。

【糜】

周武王时有一糜子国，据说是夏王室的后代，其子孙以国名为姓氏。

【松】

据说秦始皇登泰山在松树下避雨，封松树为五大夫，于是随行封禅的官员中有以松为姓者。

井段富巫　乌焦巴弓

【井】

姜太公的后代在虞国为大夫，封地在井，称井伯，他的后代便以封地为姓氏。秦穆公赏识并且重用的百里奚，就是井姓的后代，他的儿子中仍有以井为姓的。

【段】

春秋时期郑武公的儿子共叔段的后代以段为姓，形成段姓。另说老子的孙子李宗在鲁国为官，封地在段，后代也以段为姓。段姓名人：段玉裁，清代著名语言文字学家。

【富】

周襄王时大夫富辰的后代以祖先的字为姓。富姓名人：富弼，北宋名臣。

【巫】

黄帝有臣子巫彭，擅长医术，其后代就以巫为姓。巫姓名人：巫咸、巫贤，传说中黄帝时的神巫。巫马施，孔子弟子，“七十二贤人”之一。

【乌】

少昊以百鸟的名字作为官名，其中有乌鸟，掌管高山丘陵，乌鸟氏的后代以乌为姓。乌姓名人：乌获，战国时秦国勇士，据说能举起千钧重物。

【焦】

神农氏的后代。周武王灭了商朝后，封神农氏的后代到焦地，建立焦

神农氏

国，焦国的子孙便以地名为姓。焦姓名人：焦裕禄，原河南兰考县委书记，中国共产党革命烈士。

【巴】

周代有巴子国。国君的子孙以巴为姓。

【弓】

相传黄帝有个儿子，因制造弧弓被封于张，他的后代就以弓为姓。另说春秋时鲁国大夫叔弓的子孙以祖先的字为姓氏。弓姓名人：弓蚝，前秦武将，号“万人敌”。

牧隗山谷　车侯宓蓬

【牧】

黄帝有大臣力牧，其后代以祖先的字为姓。另说春秋时期，卫国的大夫康叔被封于牧，他的后世子孙便以封地为姓，称为牧姓。牧姓名人：牧皮，春秋时期鲁国人，事孔子，以狂妄著称。

【隗】

汤灭夏桀后，建立商朝，封夏朝王族的后代到隗做首领，并让他们建立了隗国，子孙以国名为姓，称隗姓。

【山】

炎帝神农氏出生于烈山，称烈山氏，子孙中就有以山为姓的。另说周代有掌管山林的官职，其后代有的便以官职名为姓，形成山姓。山姓名人：山涛，晋代文学家，“竹林七贤”之一。

山　涛

【谷】

周朝封伯益的后代非子在秦谷，他们以地为姓氏。另说战国时期齐国的公子尾孙被封于夹谷，建立谷国。他的后代于是以国名为姓，称为谷姓。

【车】

黄帝时有大臣名叫车区，他的后代便以祖先的名字为姓，世代相传姓车。另传春秋时秦国公族有车仲行被迫为穆公殉葬，其后人便以车为姓。车姓名人：车万育，清代文人，编撰了供学童用的《声律启蒙》一书。

【侯】

西周时，夏禹有后代被封于侯，其子孙以地名为姓，称为侯姓。另说春秋时晋国哀侯兄弟受迫害而逃出晋国，其子孙以祖先的封号为姓氏。南北朝时鲜卑族中改姓侯的人也很多。侯姓名人：侯宝林，当代著名相声表演艺术家。

【宓】

相传为伏羲氏的后代。由于读音相同，古时伏羲氏又称宓羲氏，其后代便以宓字为姓氏。

【蓬】

周成王封支系子孙于蓬州，后代以地名为姓氏。

全郗班仰　秋仲伊宫

【全】

周朝管理钱财的官叫泉官，泉官的后代以祖先官名为姓氏，因泉与全同音，后来泉姓的一支改姓全。全姓名人：全祖望，清代文学家。

【郗】

是黄帝的后裔，黄帝之子玄嚣的后代有叫苏忿生的，苏忿生支庶子受封于郗，其后人遂以封邑名为姓，称为郗姓。

【班】

春秋时期楚王若敖有孙子文，传说他幼年由斑斓老虎哺乳，后代以斑为姓作为纪念，后写作班。班姓名人：班彪，班固、班超的父亲，东汉史学家。班固，东汉史学家、文学家，著有《汉书》。班超，东汉外交家、军事家。

班 超

【仰】

秦惠文王之子印的后代，后人加偏旁为仰姓。又说是虞舜的一个乐师仰延的后代。

【秋】

鲁国大夫有仲孙湫，他的后代改湫为秋作为姓氏。另说少昊氏的一支后代。秋姓名人：秋瑾，中国民主革命烈士，别号“鉴湖女侠”。

【仲】

春秋时鲁国公子庆父，字共仲，因乱鲁而遭谴责。庆父死后，其子孙有因避仇的，以其字为姓，称仲氏。另说出自高辛氏。高辛氏有八位贤能，号称“八元”，其中仲熊、仲堪的子孙以先祖名中的仲字为姓。仲姓名人：

仲由，孔子弟子。

【伊】

相传古帝唐尧生于伊祁山，他的后代便以伊为姓。伊姓名人：伊尹，商朝名相。

伊 尹

【宫】

周朝时期有专门修缮、清扫宫室庭院的官职，他们的后代以官职名为姓，形成宫姓。另说，鲁国孟僖子的后代封地在南宫，后代中的一支遂为宫姓。

宁仇栾暴　甘钭历戎

【宁】

周朝时，卫武公将他的儿子季亹封于宁邑，他的子孙便以封地名为姓，世代姓宁。另说，秦襄公曾孙的谥号宁，而后有宁氏。宁姓名人：宁静，著名演员。

【仇】

夏代有诸侯九吾氏，商代时建立了九国，国君九侯，商纣王杀了九侯后，其子孙为了避祸，改九为仇，以仇为姓。另说，春秋时宋国大夫仇牧的后代就以其名字中的仇为姓。仇姓名人：仇牧，春秋时宋国大夫。仇英，明代画家，“明代四大家”之一。

【栾】

春秋时晋靖侯的孙子宾，封于栾，他的子孙就以地为姓。栾姓名人：栾布，西汉名将。栾布为报彭越救命之恩，在彭越被杀后，冒死为彭越收尸。

【暴】

商代诸侯暴辛公的后代，因封地在暴，子孙以封地为姓氏。

【甘】

周武王时，封同族人为诸侯王，其中一个封于甘地，称甘伯，其后代遂以甘为姓。甘姓名人：甘茂，战国时秦的丞相。甘罗，战国时秦国神童，12 岁便当了宰相。

【钭】

战国时，田氏伐齐，齐国君康公被流放海上，住洞穴，食野菜，以钭（一种酒具）为锅。康公的后代为表示不忘历史即以钭为姓。

【厉】

西周时，齐国君主姜无忌去世，谥号“厉”，称齐厉公，其子孙以祖先的谥号为姓，形成厉姓。

【戎】

周朝时有戎国，其后代子孙以国名为姓。戎姓名人：戎昱，唐代诗人。

祖武符刘　景詹束龙

【祖】

商汤后代中，先后有祖乙、祖辛、祖丁、祖庚、祖甲任第十三、

十四、十六、二十三、二十四代商王，其后代于是都以祖为姓。祖姓名人：祖冲之，南朝数学家、天文学家，他推出的圆周率第六位后的值的时间比欧洲早几百年。祖莹，北魏神童，人称“圣小儿”。祖咏，唐代诗人。

【武】

一说是商武丁的后代，一说宋武公的后代，二者都以祖先的谥号为姓氏。另外，周平王的小儿子出生时，手上有掌纹像“武”字，所以起名为武，他的子孙遂以武为姓。武姓名人：武元衡，唐代诗人、政治家。武曌，即武则天，我国古代唯一的女皇帝。武宗元，宋代画家。武汉臣，元代戏曲家。

武则天

【符】

符是古时候朝廷调兵遣将的凭证。鲁顷公的孙子担任秦国执掌符印的官，他的子孙便以官名为姓。符姓名人：符彦卿，宋代名臣，被封为魏王。

【刘】

帝尧的后人累被封于刘地，其后人遂以刘为姓。另说，春秋时，周匡王儿子封于刘邑，子孙以国名为姓。刘姓名人：刘邦，西汉开国皇帝。刘彻，汉武帝。刘秀，东汉开国皇帝。刘安，西汉学问家，著有《淮南子》一书。刘备，三国时蜀国国君。刘伶，“竹林七贤”之一。刘勰，梁代文学理论家，著有《文心雕龙》一书。刘义庆，南朝文学家，著有《世说新语》一书。刘禹锡，唐代文学家。著名军事家、文学家。刘墉，清代名臣、书法家。

刘 邦

【景】

春秋时，齐景公的后代以他的谥号为姓，形成景姓。另说，楚国王族的三个大姓，昭、屈、景，其中景差的后人为今景姓的起源。景姓名人：景差，楚国著名文学家。

【詹】

周宣王把他的一个儿子封在詹，后代因封地得姓。另说舜把黄帝的后代封到詹地，他们的子孙便以地名为姓。詹姓名人：詹天佑，近代铁路工程师，他主持修建了我国自建的第一条铁路——京张铁路。

【束】

汉代有疏广、疏受叔侄二人，其中疏广的后代为了避难，改姓束。

【龙】

据《通志氏族略》及《名贤氏族言行类稿》所载，相传董父以蓄养龙而被舜赐姓豢龙氏。他的后代有的便以龙为姓。

叶幸司韶　郜黎蓟薄

【叶】

春秋时楚庄王封沈尹戌的儿子沈诸梁为叶邑尹，世称叶公，其子孙遂以叶为姓。叶姓名人：叶梦得，南宋文学家。叶绍翁，南宋诗人，“春色满园关不住，一枝红杏出墙来”就是他的诗句。

【幸】

传说是因为先秦时期有个大臣很受宠幸，他的后代就以幸为姓。起源于南昌、雁门，见清人张澍《姓氏五书》。

【司】

神农氏时有司怪，掌卜事，其后代以官名为姓氏。又说郑国司成的后代以祖先的字作为姓氏。司姓名人：司良辅，元代学者、理学家。

【韶】

舜帝时掌管乐器的官叫韶官，子孙以官名为姓氏。又说以地名为姓，古时有地名叫韶州，其地在今广东的曲江、乐昌、仁化、乳源、翁源、英德六县，在韶州居住的人遂以地名为姓，称韶姓。

【郜】

周文王的一个儿子的封地在郜邑，建立了郜国，他的子孙遂以国号为姓。

【黎】

颛顼的后代封在黎阳，建立黎国，子孙以封地为姓氏。

【蓟】

黄帝的后代在周初被封在蓟，子孙以地名为姓氏。蓟姓名人：蓟子，先秦齐国人。

【薄】

炎帝的后代被封于薄(今山东曹县),建立薄国,其后代便以国名薄为姓。另有春秋时宋国大夫有受封于薄的，后世子孙以封邑名为姓。薄姓名人：薄绍之，南朝宋著名书法家。

印宿白怀　蒲邰从鄂

【印】

周宣王封王子友于郑，建立郑国，为伯爵。至郑穆公有儿子睔，字子印，其子孙在郑国为卿大夫，以祖字为姓，为印氏。印姓名人：印宗，唐代高僧。

【宿】

伏羲的后代的封地在宿地，并建立了宿国，子孙们便以国号为姓。

【白】

百里奚的儿子叫孟明视，在秦晋殽之战中，孟明视与白乙丙为重要战将，白乙丙的后人为纪念先祖战功以白为姓。另说楚平王的孙子胜受封为白公,他的后代便以白为姓。白姓名人：白起,战国后期秦国名将。

白 起

白居易，唐代诗人。白朴，元代戏曲家，“元曲四大家”之一。

【怀】

周武王起初封其弟叔虞于怀，他居住在那里的子孙以国号为姓。另说微子启的后代有改为怀姓的。

【蒲】

相传舜的子孙被封在蒲，于是他的子孙就以蒲为姓。另说上古有扈氏后代为西羌族首领，家里池塘中有蒲草，长五丈，如竹子形，由此称为蒲家，也就以蒲为姓。蒲姓名人：蒲松龄，清代文学家，代表作《聊斋志异》。

【邰】

后稷是尧的农官，他的封地在邰，他的子孙便以封地为姓。

后 稷

【从】

周平王把他的小儿子封于枞，后代以封地为姓氏。汉时有枞公，枞后来改为从。

【鄂】

春秋时期，晋侯光被封于鄂，其子孙遂以鄂为姓。另说楚国诸侯熊红在鄂称王，他的后代也以鄂为姓氏。鄂姓名人：鄂尔泰，清代军机大臣。

索咸籍赖　卓蔺屠蒙

【索】

是商汤王的后裔。西周初，周武王把殷商七族中的索氏迁到鲁定居，其后人皆姓索。索姓名人：索靖，西晋将军、书法家。

【咸】

商高辛有大臣咸丘黑，其后代以咸为姓。另说是商代名臣巫咸的后代，以祖先的字为姓氏。

【籍】

晋国大夫荀林父和他的后代世代为晋国管理书籍，子孙便以官名为姓氏。

【赖】

神农氏的后裔烈山氏的一支在商代和周代时都建立过赖国，后来被楚灭亡，其后人以国名为姓。赖姓名人：赖文俊，宋代地理学家。赖文光，太平天国著名将领。

卓文君

【卓】

楚威王有公子卓，子孙遂以祖先的字为姓氏。卓姓名人：卓文君，西汉才女，与才子司马相如结为夫妇。

【蔺】

春秋时韩、赵、魏三家分晋，晋献公的后代韩康在赵国做官受封于蔺，他的子孙便以封地名为姓。蔺姓名人：蔺相如，战国时赵国名臣。

【屠】

商代有封邑在鄘地者，后代去邑旁以屠为姓氏。又说远古时，黄帝打败了九黎族首领蚩尤，把他的族人分到邹、屠两地，那些人便以地名为姓。屠姓名人：屠隆，明代戏曲家、著名诗人。

【蒙】

高阳氏的后代受封于蒙双，他们的后代于是以封地名为姓，便有了蒙姓。蒙姓名人：蒙恬，秦国名将。蒙归义，唐代南诏王。蒙得恩，太平天国将领。

池乔阴郁　胥能苍双

【池】

战国时，秦国王族中有个叫公子池的，他的后代以他的名字为姓，形成池姓。

【乔】

相传皇帝死后葬在桥山，他的一部分守陵的子孙以桥为姓，后来去掉部首，改姓乔。南北朝时鲜卑人也有姓乔的。乔姓名人：乔吉，元代杂剧家。

【阴】

唐尧时有阴国，子孙以国名为姓氏。又说春秋时齐国管仲的后代做过楚国阴大夫，子孙便以阴为姓。阴姓名人：阴丽华，东汉光武帝刘秀的皇后。

【郁】

郁为古姓，出自郁林氏，春秋时楚国曾征伐郁林氏，将其民迁至郁，

阴丽华

即为郁氏。郁姓名人：郁达夫，现代著名作家、诗人。

【胥】

春秋时，晋国的大夫胥臣，曾随晋公子重耳出逃，他的子孙以他的字为姓。

【能】

楚国熊挚被封在夔，建立夔国，后被楚国所灭，为避祸，他的儿子改熊姓为能。

【苍】

为远古仓帝的后代，所以姓苍。苍姓名人：苍颉，皇帝时史官，发明了汉字。

【双】

高阳氏的后代被封在蒙双，因地得姓。唐朝时有少数民族改称双姓。

闻莘党翟　谭贡劳逄

【闻】

是春秋时期少正卯的后代。他的后代支庶子孙有的改为闻人姓，后演变为单姓闻。闻姓名人：闻渊，明代尚书。

【莘】

夏王启的后代被封在莘，子孙以国名为姓氏。

【党】

夏后氏的后代居住在党项，后代以地名为姓氏。另说春秋时期，有晋国公族大夫受封于党，于是他的子孙后代就以党为姓。党姓名人：党怀英，金代文学家、书法家。

【翟】

黄帝的后裔居于翟地，便以翟为姓。又说春秋时，活动于齐、鲁、卫、宋等国之间的狄人部落称为翟国，翟国人就以国名为姓。翟姓名人：翟方进，西汉成帝时宰相。翟让：隋末农民起义领袖。

【谭】

周朝的时候，伯益的后人有部分人的封地在谭，建谭国。谭国被灭后，谭国的子孙便以国号为姓。另外，谭姓是西南六姓之一，据说是盘古的后代。谭姓名人：谭嗣同，近代改良派政治家、思想家。

【贡】

孔子有一个学生叫端木赐，字子贡，他的子孙以他的字为姓。

子　贡

【劳】

住在东海劳山的人在汉朝时归化中原，被赐姓劳。

【逄】

炎帝的后代。炎帝的孙子逄伯陵建立逄国，周朝初年，周武王灭逄，逄国的子孙便以故国名为姓氏。

姬申扶堵　冉宰郦雍

【姬】

黄帝生于姬水，遂以姬为姓。高辛氏时，长子后稷继承黄帝的后嗣，被赐姓姬，成为后来周朝的始祖。姬姓名人：姬昌，周文王。姬发，即周武王，建立了周朝。

姬 发

【申】

神农氏的后代申吕的封地在申，建立申国，他的后代以国号为姓。申姓名人：申不害，战国时期思想家。

【扶】

汉高祖有占卜家巫嘉，善于祈祷、祭祀，被高祖赐姓扶。扶姓名人有：扶卿，西汉学者。扶猛，北朝名臣，文武双全。扶克俭，明代万历进士。

【堵】

郑国大夫泄寇因封地在堵，人称堵叔，其后代以封地为姓。另外，楚国堵敖的后代，也称堵氏。堵姓名人有：堵简，元末诗人、画家。堵霞，清代女才子，擅长诗歌、绘画。

【冉】

周文王的儿子季载很有才华，他被哥哥周武王封于郙，他的后代去掉郸字的“阝”旁，以冉为姓。冉姓名人：冉求，春秋鲁国人，孔子弟子。冉琎，宋代军事谋略家。冉永光，清代经学家。

冉 求

【宰】

周朝有太宰的官职，后代以祖先的官名为姓氏。

【郦】

禹赐郦国给黄帝的后代做封地，他们的子孙便以国号为姓。郦姓名人：郦道元，北魏地理学家，著作有《水经注》。

【雍】

周文王有个儿子被封在雍，他的后代就以雍为姓。雍姓名人有：雍陶，唐代诗人。

郤璩桑桂　濮牛寿通

【郤】

春秋时晋国的公族叔虎被封在郤，后代以封地作为姓氏。郤姓名人：郤缺，春秋时晋国大夫。郤縠：春秋时晋国将军。

【璩】

可考的有说春秋时卫国大夫蘧瑗的后代。古代蘧、璩两字通用，遂有璩姓。

【桑】

少昊之后有穷桑氏，子孙以桑为姓。另说秦国大夫公孙枝，字子桑，他的子孙以祖先的字为姓氏。桑姓名人：桑春荣，清代慈禧太后时任刑部尚书，他主持清末奇案“杨乃武与小白菜”的终审，使得冤案大白。

【桂】

周朝末年，季桢为秦博士，不幸遇害，他的弟弟眭为了避祸，命他的后代改姓桂。另说出自炅姓，汉代末年，阳城炅横有四个儿子，其中一个避难到了幽州，改称桂氏。桂姓名人：桂万荣，宋代政治家、法学家。桂馥，清代文学训诂学家。

【濮】

陆终氏居住在濮，其后代以地名为姓。另说，舜的儿子散，以及周代卫国一个大夫，都曾被封在濮，其子孙都以封地为姓氏。濮姓名人有：濮存昕，著名表演艺术家。

【牛】

西周宋国的大夫牛父的后代，为纪念祖先卫国的壮举，以祖先的字为姓氏。牛姓名人：牛僧孺，唐代名相之一。牛皋，宋代抗金名将。

【寿】

春秋时吴王寿梦的后代，以先王的字为姓氏。

【通】

巴国有大夫封于通川，其子孙以通为姓。又有彻氏，为了避汉武帝刘彻的字讳，改姓通。

边扈燕冀　郏浦尚农

【边】

商代王室的后代。商代有边国，国民遂以边为姓。又说周期的大夫被封于边，人称边伯，后代以故国号为姓氏。

【扈】

相传夏朝有扈国，其后代以国名为姓，即扈姓。扈姓名人有：扈再兴，宋代抗金将领。

【燕】

西周初，周武王封召公奭于燕，建燕国，其后世子孙遂以燕为姓。燕姓名人：燕肃，北宋学者、机械制程专家。燕文贵，宋代画家，所作山水画人称“燕家景致”。

【冀】

周武王把冀封给了尧帝的后代建国，冀国灭亡后，冀国的子孙便以国号为姓。

【郏】

周成王时为了纪念周朝初年定鼎于郏鄏这件大事，住在此地的人遂以郏作为姓氏。

【浦】

春秋时期姜太公的后人去了晋国，被封于浦，其后人于是以浦为姓。浦姓名人：浦源，明代画家、诗人，与“闽中十才子”林鸿等人为诗友。

【尚】

姜太公在周朝为太师，故称太师尚父，简称尚父，他的子孙有的就以他的名字为姓，姓尚。尚姓名人：尚衡，明代名士。尚可喜，康熙朝平南王。尚仲贤，元代戏曲家，著有《柳毅传书》。

姜子牙

【农】

神农氏的后代，以祖先的尊号作为姓氏。另说北宋时，广西壮族人首领侬志高起义反抗，被狄青击败，逃往云南，不知所终。他的部下姓侬的纷纷改姓农，据说今天广西云南壮族中的农姓由此而来。农姓名人：农劲荪，民国初年天津爱国实业家，霍元甲好友。

温别庄晏　柴瞿阎充

【温】

西周时期唐虞叔的后代被封于温（今河南温县），他的子孙就以封地名为姓，称温姓。温姓名人：温峤，晋代美男，学识渊博。温庭筠，唐代诗人。

【别】

周朝诸侯嫡长子以外的儿子，称别子。因按照宗法制别子不能继承祖姓，于是别姓出现以示区别。

【庄】

春秋时，楚庄王死后，他的后代以他的谥号“庄”为姓。庄姓名人：庄周，即庄子，先秦著名哲学家、文学家。

【晏】

颛顼的后代陆终的第五个儿子晏安是晏姓的始祖，他的后代以他的名字中的“晏”为姓。晏姓名人：晏婴，春秋时齐国宰相。晏殊，宋代宰相，著名词人。晏几道，晏殊的儿子，宋代词人。

晏　婴

【柴】

齐文公的孙子叫高柴，他的孙子举以他的名为姓，叫柴举，柴举的后代遂以柴为姓。柴姓名人：柴绍，唐代的霍国公。柴荣，五代时的后周世宗。

柴　绍

【瞿】

商朝有个大夫的封地在瞿上，人称瞿父，他的子孙便以地名为姓。瞿姓名人：瞿秋白，中国共产党早期领袖之一，著名文学评论家。

【阎】

周武王封太伯的曾孙仲奕于阎乡，他的子孙就以地名为姓。阎姓名人：阎立本，唐代画家。

【充】

周朝有官职充人，是专管饲养祭祀用畜的官。充人的后代以祖先的官名作为姓氏。

慕连茹习　宦艾鱼容

【慕】

相传帝喾的后代有慕容氏，其后人改复姓慕容为单姓慕。

【连】

陆终的第三个儿子名叫惠连，他的后代于是就以祖先的字“连”作为姓。又说出自姜姓，齐国大夫连称的子孙为避祸改掉原姓，以祖先的字为姓氏，另外，十六国后魏的定连氏也改姓为连。连姓名人：连文凤，宋代诗人。连斗山，清代易学家。

【茹】

魏国有盗虎符的如姬，后加“草”头为茹姓。另说南北朝时被称为蠕蠕、芮芮，进入中原后依次俗改为茹茹氏，后又改为茹姓。

【习】

古代有诸侯国习国，习国人以国名为姓，形成习姓。

【宦】

源起不详，有说官宦人家子孙自称姓宦，取仕官之意。名人：宦乡，现代著名外交家。

【艾】

夏朝时有个大臣叫汝艾，他辅助少康帝振兴夏皇室，他的子孙以祖先的字艾为姓。又说春秋齐景公时的宠臣名孔，被封在艾，后代遂姓艾。艾姓名人：艾能奇，明代农民起义军领袖。艾显，清代书法家、画家。

【鱼】

春秋时宋桓公的儿子叫子鱼，他的后代为表先祖贤能，遂以祖先的字作为姓氏。鱼姓名人：鱼玄机，我国古代著名女词人。

【容】

古有容国，子孙以国名为姓氏，另说虞舜的后裔，有一人名叫仲容，其子孙便以容为姓。

向古易慎　戈廖庾终

【向】

宋桓公的后代封在向，人称向父，世代为宋国大夫，子孙以地名为姓。又说出自姜姓。古代有向国，向国灭亡以后，其子孙便以向为姓，形成向姓。向姓名人：向秀，西晋文学家，“竹林七贤”之一。

【古】

周太王迁到岐这个地方，称古公，其带领着族人建立周国，为了纪念祖先，他的子孙便以古为姓。古姓名人：古弼，南北朝时北魏吏部尚书。

【易】

春秋时，齐桓公有个很得宠的大臣叫雍巫，他的封地在易，人称易牙。他的子孙以易为姓。易姓名人：易元吉，北宋画家，以画猿猴而著名。

【慎】

春秋时楚国的太子建的儿子叫白公胜，受封于慎邑，他的子孙便以地名为姓。

【戈】

古寒国的寒浞篡夺了夏朝政权，他的儿子被封于戈地，其后代遂以戈为姓。戈姓名人：戈永龄，明代文学家。

【廖】

黄帝的后代叔安被封到廖国，被称为廖叔安，他的后代遂以廖为姓。

【庾】

古时管仓库的官叫掌庾大夫，多为世袭，他们的后代以官名为姓氏。庾姓名人：庾信，南北朝时著名文学家。

【终】

陆终的后代以祖先的字为姓氏。

暨居衡步　都耿满弘

【暨】

商朝彭祖的后代封在暨，子孙以国名为姓氏。另说春秋时越国的大夫诸暨郢的后代以祖先的字为姓氏。

【居】

周大夫的儿子受封于先邑，他的后代先且居在晋国当元帅，他的后代以他名字中的“居”字为姓。

【衡】

商汤有个大臣叫伊尹，为商时阿衡，他的后代便以他的官职为姓。

【步】

晋国有公族封在步，人称步杨，子孙以封地名为姓氏。步姓名人：步叔乘，春秋时齐国儒者。步骘，三国时吴国将军。

【都】

春秋时，郑国有个大夫叫公孙阏，字子都，受郑庄公赏识。他死后，他的子孙便以他的字为姓，姓都。另说齐国大夫公都的后代以祖先的字为姓氏。

【耿】

周朝时有耿国，春秋时被晋国赵氏所灭，其后代便以故国名为姓。耿姓名人有：耿沣，中唐诗人，“大历十才子”之一。耿精忠，清代靖南王。耿介，清代名儒、教育家。

【满】

周朝时，舜的后代胡公满建立了陈国，陈国灭亡后，他的后代便以他名字中的“满”为姓。另外，南方荆蛮部落的瞒姓，也改姓满。

【弘】

春秋时，卫国有位很忠义的大夫叫弘演，他的后代为记其忠义，以他名字中的“弘”字为姓。

匡国文寇　广禄阙东

【匡】

宋国有大夫封在匡，其后代以封地名为姓氏。匡姓名人：匡章，战国时齐国名将。匡衡，西汉经学家。

【国】

春秋时期郑穆公有个儿子叫公子发，字子国，其后代就以国为姓，称国姓。

【文】

周武王姬发继承父亲姬昌的志愿，灭了商朝，建立了周朝，他追谥父亲为文王，部分子孙便以文为姓。文姓名人：文徵明，明代著名画家。文天祥，南宋民族英雄，他的《过零丁洋》和《正气歌》流传至今。

文天祥

【寇】

到周武王时有个司寇叫苏忿生，他的子孙以官名为姓。寇姓名人：寇准，北宋著名宰相、诗人。

【广】

黄帝时有个叫广成子的人，隐居山中，他的后代以广为姓。

【禄】

纣王的儿子叫武庚，字禄父，被周武王封为殷君。他的后人以禄为姓。

禄姓名人：禄东赞，松赞干布手下大将。

【阙】

春秋时鲁国有个地方叫阙党，这里的居民便以地名为姓。

【东】

舜的七个朋友中有个叫东不识的，他的子孙以他名字中的“东”为姓。东姓名人：东明，汉代神射手。

舜

欧殳沃利　蔚越夔隆

【欧】

夏少康的后代，被楚王封在了欧余山的南面，被称为欧阳亭侯，他的子孙便以欧阳为姓，后来简化为欧。欧姓名人：欧普祥，元代艾军将领。欧信，明代广西总兵。

【殳】

舜有大臣殳斨，为执掌百工之事的官员。其后代以祖先的字为姓氏。

【沃】

商朝太甲有儿子叫沃丁，子孙以沃为姓。

【利】

皋陶的后代有个叫理利贞的，为了逃避纣王的迫害，曾用李子充饥，他的后代有的以理为姓，有的以李为姓，也有的以利为姓。利姓名人：利几，汉代名将。利乾，汉代中山国宰相。

【蔚】

北周宣王把蔚地赐给郑国公子翩，翩的后代便以地名为姓。

【越】

夏朝的少康帝把儿子无余封在越，建立了越国，其中一部分子孙以国号为姓，称越姓。越姓名人：越石父，春秋时齐国贤士。

【夔】

楚王室的后代。楚王熊挚的后代被封于夔，建立夔国，夔国灭亡后，部分子孙为避祸改以国名为姓氏。夔姓名人：夔安，十大国时斯后赵太祖石虎手下太尉，被称为贤相。

【隆】

春秋鲁国有一地方名隆邑，居住于此或受封于此的人们以隆作为姓氏。隆姓名人有：隆英，明宣德时南宫县令。

师巩厍聂　晁勾敖融

【师】

商朝掌管音乐的官叫师，担任师的人的后代子孙则以官名为姓。师姓名人：师旷，春秋时著名琴师。师襄，春秋时鲁国乐官。师宜官，东汉书法家，以微型书法著称。

【巩】

周敬王把同族的简公封到巩地，简公被称为巩简公，他的子孙便以地名为姓。巩姓名人有：巩汉林，著名表演艺术家。

【库】

厍乃库的俗字，义同，守厍即守库，其后人以官名厍为姓。又说北朝时有库狄为姓氏，后改为厍。

【聂】

春秋时，卫国有个大夫的封地在聂，他的后代便以封地名为姓，称聂姓。聂姓名人：聂政，战国时韩国人，为战国四大刺客之一。聂夷中，唐代诗人。聂士成，清末将领，在抵抗八国联军入侵时壮烈牺牲。

【晁】

周景王死后，王子丐与朝争夺王位，丐登位后，朝逃到楚国，他的子孙便以朝为姓。因为“朝”与“晁”通用，所以有的人便以晁为姓。晁姓名人有：晁错，西汉著名政治家、散文家。晁冲之，宋代著名诗人。

【勾】

少昊的儿子重死后，被封为枉，称为勾芒氏，他的后代便以勾为姓。勾姓名人：勾践，春秋末期越国国君。

【敖】

为楚室的后代，凡是被废掉或被臣下杀害没有谥号的楚王皆追称为敖，其后代以敖为姓。另说相传颛项帝的老师叫太敖，太敖的后代子孙以敖为姓。

【融】

帝喾时有掌火官祝融，祝融的后人有的姓祝，有的姓融。

冷訾辛阚　那简饶空

【冷】

黄帝赐他的乐官伶伦以名为姓，因当时伶、冷同音同义，其后代便改姓为冷。冷姓名人：冷枚，清代画家。

【訾】

古有訾陬国，相传帝誉的一个妃子是訾陬氏人，訾陬氏的后代遂以訾为姓。訾姓名人有：訾顺，汉代名臣封楼虚侯。訾虎，宋代名士。

【辛】

夏启将其中一个儿子封到莘地，因莘国也称有辛，所以便以辛为姓。辛姓名人：辛弃疾，宋朝词人，豪放派词人的代表之一。

【阚】

南燕伯的后代被封在阚，其后代以封地名为姓。另说齐国的大夫止封在阚，于孙以地名为姓氏。

【那】

春秋时楚武王灭了权国，把权国的人迁到那地，有部分人便以地名为姓。

【简】

出自狐氏。晋国大夫狐鞠居的谥号为简，他的子孙便以他的谥号为姓，称简姓。简姓名人：简雍，三国时蜀国将军。简世杰，宋代贺州知州。

【饶】

商均的儿子封在饶，后代称饶氏。又说赵国长安君的封地在饶，他的后代便以地名为姓。

【空】

出自远古空侯氏，又说出自子姓。殷的先祖契被封于空桐，其后人以空桐为姓，后变为空姓。

曾毋沙乜　养鞠须丰

【曾】

少康帝的小儿子的封地在鄫，鄫被宋灭了后，太子巫逃到鲁国，把国号去掉部首，以曾为姓。曾姓名人：曾参，孔子弟子。曾巩，北宋文学家、散文家，“唐宋八大家”之一。曾国藩，清代名臣、军事家。曾朴，近代小说家。

曾国藩

【毋】

战国时，齐宣王封他的弟弟在毋丘，其子孙遂以地名为姓。又说尧有一个叫毋句的臣子发明了磬，他的后代以毋为姓。毋姓名人：毋昭裔，后蜀学者。

【沙】

出自远古的沙随氏，其后人以沙为姓。另说是宋国的始祖微子启的后代。元朝以后，回族也多用沙姓。沙姓名人：沙宝亮，著名歌手。

【乜】

出自北朝后周时的宇文部落。另说春秋时，卫国大夫食采于乜城，其后人以地名乜为姓。乜姓名人：乜仁义，明朝名士。

【养】

周初分封有邓国，邓国大夫有养甥，其子孙以祖字为姓氏，另有说春秋时，吴国公子掩余、烛庸逃到楚，楚王让他们在养地居住，其后世子孙遂以养为姓。养姓名人：养由基，春秋时楚国的神箭手。

【鞠】

春秋时燕国公族有鞠武，为燕太子太傅，他的子孙以鞠为姓氏。另说后稷的孙子出生的时候，他的掌纹和菊花形状很像，因古时菊与鞠相通，便取名为鞠陶。鞠陶的后代便以鞠为姓。

【须】

燕国附庸国密须国，国民以须为姓氏。

【丰】

春秋时，郑穆公的儿子叫丰，其子孙便以他的名为姓。丰姓名人：丰子恺，著名教育家、漫画家。

巢关蒯相　查後荆红

【巢】

尧帝时有个叫巢父的人，他的后人建立了巢国，他的子孙便以国号为姓。

【关】

夏朝龙逢被封在关，人称关龙逢，他的子孙就以关作为姓氏。关姓名人：关羽，三国时蜀国大将。关汉卿，元代杂剧名作家，代表作品《窦娥冤》。

关 羽

关天培，清代名臣，鸦片战争中民族英雄。

【蒯】

卫庄公蒯聩杀害南子失败而逃到了晋国，后来回国复位，他的后代便以蒯为姓。蒯姓名人有：蒯通，汉代政治家。蒯祥，明代著名建筑家，主持修建了北京故宫，皇帝曾称呼他蒯鲁班。

【相】

商朝的时候，有个古城叫相，住在那里的人有部分以相为姓。相姓名人：相礼，明代诗人，画家。相世芳，明代刑部郎中。

【查】

姜太公的后代。齐项公封他的一个儿子在樝地，“樝”又通“楂”，他的后代便以封地名楂为姓，后改为姓查。查姓名人：查良镛，即金庸，著名作家、学者。查慎行、查嗣庭兄弟，清初名人，当时有“一门七进士、叔侄五翰林”的说法。

【後】

太昊的后裔有叫後照的，其后世子孙以後为姓。又说出自太史氏，因齐襄王赐姓而得，古代的“後”与“后”是两个字。

【荆】

楚国公族的后代。原为楚氏，后来为避讳，改为荆氏。一说西周初，楚国先君被封于荆，其后人中有的便以荆为姓。荆姓名人：荆轲，战国末年燕国侠客，因刺杀秦王被杀。

【红】

春秋时，楚国熊渠的儿子叫熊挚，字红，被封为鄂王，他的部分子孙以他的字为姓。红姓名人：红绡，唐代名妓，女诗人。

游竺权逯　盖益桓公

【游】

春秋时，郑穆公有个儿子叫偃，字子游。他的孙子以他字中的“游”为姓。游姓名人：游似，宋代宰相。

【竺】

古代印度人进入中国，以竺为姓——因为当时人们把印度称天竺。也有姓竹的改姓为竺。竺姓名人：竺可桢，现代著名气象学家。

【权】

商代武丁的后裔封于权，建立权国，权国被巴国灭了后，权国的人便以国号为姓。权姓名人：权忠，汉代左辅都尉。权德舆，唐代宰相。权邦彦，宋代著名抗金重臣。

【逯】

春秋时秦国大夫封于逯，其后人便以逯为姓。

【盖】

战国时，齐国有个大夫，被封在盖，他的后代便以封地名为姓。盖姓名人：盖延，东汉名臣，封安平侯。盖文达，唐代崇贤馆大学士。

【益】

皋陶的儿子叫伯益，伯益的儿子中有以父亲的字为姓氏。益姓名人：

伯 益

益知，元代怀远大将军。

【桓】

春秋时齐桓公的后代以祖先谥号桓为姓。另说出自子姓，宋桓公的后代。均以祖谥为姓氏。桓姓名人：桓荣，东汉权臣，封关内侯。桓温，东晋名臣，精通音乐、擅长吹笛。

【公】

周朝贵族有爵位者多称公，诸公族如公西、公叔、公孙等这些贵族的后代都以公为姓。

万俟 司马　上官 欧阳

【万俟】

出自北朝拓跋氏。北魏献文帝赐其弟弟的后人姓万俟。万俟姓名人：万俟咏，宋代词人。

【司马】

周宣王时，歉项帝的后代休父担任司马，他的后代子孙有部分人

司马光

以官职名司马为姓。司马姓名人：司马相如，西汉文学家。司马迁，西汉史学家，编写了史学巨著《史记》。司马懿，三国时期魏国名将。司马光，北宋杰出的政治家、思想家、历史学家，编写了《资治通鉴》一书。

【上官】

楚怀王的儿子叫子兰，他在周朝担任上官大夫，他的后代便以官名为姓。上官姓名人：上官仪，唐代宰相、诗人。

【欧阳】

越国被楚国灭了后，越王勾践的孙子蹄被楚王封到乌程欧余山的南面，因为山的南面为阳，所以他被称为欧阳亭侯。他的子孙便以欧阳为姓。欧阳姓名人：欧阳询，唐代书法家。欧阳修，宋代政治家、史学家、文学家，“唐宋八大家”之一。

欧阳修

夏侯 诸葛 闻人 东方

【夏侯】

禹的后代东楼公被周武王封到雍丘建杞国，杞国被楚国灭了后，杞简公的弟弟逃到了鲁国，因为他是夏朝的后代，所以鲁悼公便称他为夏侯，他的子孙便以夏侯为姓。夏侯姓名人：夏侯婴，汉初名将。夏侯渊，三国时魏国大将。

诸葛亮

【诸葛】

夏朝时期有葛国，葛国被灭后，族人迁到诸地，后来子孙就各取地名与国名，合成诸葛姓。诸葛姓名人：诸葛亮，三国时著名的政治家，蜀国宰相，军事家。

【闻人】

春秋时鲁国的少正卯被当时人称为“闻人”，即名人，他的后代从此以闻人为姓。闻人姓名人：闻人益，明代画家。

【东方】

伏羲氏的后代孙羲仲主管东方青阳令，其子孙遂以东方为姓。另有说出自汉代名人东方朔。东方姓名人：东方朔，西汉文学家。东方显，唐代诗人、“十八学士”之一。

赫连 皇甫 尉迟 公羊

【赫连】

东晋时，南匈奴右贤王的后人为自己取的姓，意思是“王者辉赫，与天相连”。赫连姓名人：赫连勃勃，十六国时，建立过胡夏，称大夏天王。

【皇甫】

宋戴公有个儿子叫充石，字皇父，他的子孙以他的字为姓，后来改为皇甫。皇甫姓名人：皇甫谧，西晋文学家、医学家。

【尉迟】

尉迟部落和北魏同时存在，于是北魏的孝文帝赐姓“尉迟”给尉迟部落。尉迟姓名人：尉迟恭，字敬德，唐初名将。

尉迟恭

【公羊】

鲁国有个叫公孙羊孺的人，他的子孙以他的名中“公羊”二字为姓。公羊姓名人：公羊高，战国名士，著《公羊传》一书。

澹台 公冶　宗政 濮阳

【澹台】

春秋时孔子的弟子灭明居于澹台山，人称澹台灭明，他的后代从此便以澹台为姓。澹台姓名人：澹台敬伯，东汉名士。

【公冶】

鲁国大夫公冶的后代，以祖先的字为姓氏。公冶姓名人有：公冶长，孔子的弟子。

【宗政】

秦朝和汉朝时，有个官职叫宗正，负责皇族的事务，担任这个官职的人的后代以官名为姓，后来改为宗政。另说西汉楚元王之后刘郢客为宗正，于是有此姓。

【濮阳】

古代山南水北称为阳，郑国公族大夫居住在濮水的北面，其后代就以濮阳为姓。濮阳姓名人有：濮阳兴，三国时吴国丞相。濮阳涞，明代经学家。

淳于 单于　太叔 申屠

【淳于】

周武王封斟灌国君为淳于公，国号改为淳于，淳于国的后代以国号为姓。淳于姓名人：淳于意，汉代医学家，他的女儿缇萦是历史上著名的孝女。淳于朗，唐代名臣。

【单于】

匈奴的统治者称为“撑犁孤涂单于”，简称“单于”。匈奴左贤王去卑单于投降汉朝后，单于的子孙都以单于为姓。

【太叔】

郑穆公之孙段封地在京城，世称京城太叔，他的后代便以祖先的字为姓氏。太叔姓名人有：太叔段，即共叔段，郑庄公弟弟。

【申屠】

相传上古时执掌四季、方岳的官叫四岳，其后代于周时被封在申，人称申侯，夏时申侯封其弟于屠原，后世子孙遂将申与屠合为复姓申屠。

公孙 仲孙　轩辕 令狐

【公孙】

春秋时诸侯的儿子称公子，公子的儿子称公孙，公孙的儿子中没有封号爵位的都以公孙为姓。公孙姓名人：公孙龙，赵国人，孔子的学生。公孙瓒，东汉辽东诸侯。公孙弘，汉武帝时任丞相。公孙大娘，唐代舞蹈家，善舞剑。

【仲孙】

春秋时，鲁庄公有个哥哥叫庆父，字共仲。庆父的部分子孙改仲孙为姓。

【轩辕】

黄帝又号轩辕氏，其后代有的以轩辕为姓。

【令狐】

周文王之子毕公高的后代魏颗受封于令狐，他的子孙便以封地名为姓。令狐姓名人：令狐楚、令狐绹父子，唐代宰相。

黄 帝

钟离 宇文　长孙 慕容

【钟离】

楚国大夫伯宛，封地在钟离，他的子孙便以地名为姓。钟离姓名人：钟离春，也称无盐，战国时奇女子。

【宇文】

鲜卑族首领名普回，东晋时他们进入中原，传说有一天他在河中得到一块玉玺，认为天授神权，而鲜卑族俗称天子为“宇文”，所以定宇文为国号，他的后代便以宇文为姓。宇文姓名人：宇文恺，隋代著名建筑家。

【长孙】

北朝后魏皇族后代，献文帝第三史为宗室元长，他的儿子被赐以长孙姓氏，从此其子孙遂以长孙为姓。长孙姓名人：长孙无忌，为唐太宗和唐高宗时两朝宰相，是唐朝开国功臣之一。

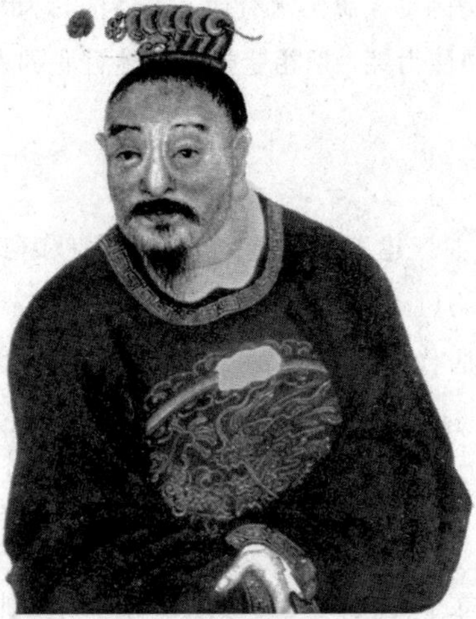

长孙无忌

【慕容】

出自鲜卑族。三国时鲜卑涉归单于自称“慕二仪之德，继三光之容”，便以“慕容”为姓。慕容姓名人：慕容延钊，宋代名将。

鲜于 闾丘 司徒 司空

【鲜于】

传说西周初年，周武王封纣王的贤臣箕子于朝鲜，箕子的旁支有子名仲，仲的封地在于，其后世子孙遂将祖先封邑的名字结合，组成姓氏鲜于。

【闾丘】

春秋时期，齐国大夫婴住在闾丘，人称闾丘婴，子孙遂以地名闾丘为姓。闾丘姓名人：闾丘露薇，中国著名电视记者。

【司徒】

传说帝喾之子契因助大禹治水有功，被舜任命为司徒掌管教化，其子孙中有一部分便以司徒为姓。后祖上担任司徒官职的人，后世子孙便以司徒为姓。

【司空】

西周时司空是主管建筑和制造的官职，春秋时禹的后裔蔿为司空，子孙后代遂以司空为姓。司空姓名人：司空图，唐朝学者，著有《二十四诗品》。司空曙，唐代著名诗人，“大历十才子”之一。

亓官 司寇 仉 督 子车

【亓官】

周代第一次设立了专门负责王侯冕服与等制的礼官，又称笄官，因“笄”与“亓”通，因此也称亓官，他们的后代中一部分人便以祖先官职为姓。

【司寇】

官职名，西周时为六卿之一，掌管刑狱。担任司寇之人子孙遂以官职名为姓。

【仉】

春秋鲁国有党氏，为周公族之后，因“党”为“掌”音同，“掌”又与“仉”通，故先后演化出掌氏与仉氏。

【督】

春秋时宋国大夫华父督的后代以祖先名字中的督字为姓。汉末少数民族“板盾七姓”中，有部分改为汉姓督。

【子车】

春秋时期秦国子车氏族人中，子车奄息，子车仲行，子车鍼虎三人共同辅佐秦穆公，世称“三良”，子车氏后裔即复姓子车。

颛孙 端木 巫马 公西

【颛孙】

春秋时陈国的公子颛孙在鲁国做官，其后代便以祖先的名字颛孙为姓。

【端木】

孔子的弟子端木赐，字子贡，有雄辩之才，其后世子孙以祖先之名端木为姓。端木姓名人：端木蕻良，中国现代著名作家。

【巫马】

周时设有午巫马一职，主要负责疗治马病等事务，后世子孙以祖先官职为姓。巫马姓名人：巫马期，孔子弟子之一。

【公西】

春秋时鲁桓公之子季友后裔季孙家族中，有一支子孙后以公西为姓。公西姓名人：公西赤，孔子的弟子，又称公西华。

漆雕 乐正 壤驷 公良

【漆雕】

春秋时鲁国即有漆雕氏，其中漆雕开、漆雕哆、漆雕徒父子三人皆为孔子弟子，尤以漆雕开最受孔子赏识。

【乐正】

周代有大小乐正官，负责礼乐教化，后世子孙遂以祖先官职为姓。

【壤驷】

春秋时孔子的弟子壤驷赤，是最早见于史籍的壤驷姓之人，其后代以壤驷为姓。

【公良】

春秋时陈国公子良的后代遂以公良为姓。公良姓名人：公良儒，孔子的弟子，深得孔子赞赏。

拓跋 夹谷　宰父 穀梁

【拓跋】

北魏王朝是鲜卑族政权，他们自称是皇帝之后，受封于北土，认为皇帝以土德王，而鲜卑语中土是“拓”，君主是“跋”，因此北魏皇族以拓跋为姓。拓跋姓名人：拓跋焘，北魏太武帝。拓跋宏，北魏孝文帝。

【夹谷】

完颜阿骨打在辽代时统一女真各部建立金，在金时女真族有加古部落，后来写作“夹谷”，子孙后代遂沿用以作姓氏。

【宰父】

宰天是周朝时掌管朝仪、考核官员的官职，后逐渐演化为宰父，成为复姓，宰父姓名人：宰父黑，孔子的弟子。

【穀梁】

春秋时鲁国一个大夫被封于穀梁，后代便以祖先食邑之名为姓。穀梁姓名人：穀梁赤，《穀梁传》的作者，此传与《左传》《公羊传》并称“春秋三传”。

晋楚闫法　汝鄢涂钦

【晋】

周初，周武王的儿子叔虞受封于唐，称唐叔虞。唐叔虞的儿子因国南有晋水，改国号为晋，称晋侯，其后世子孙以晋为姓。

【楚】

周朝初年颛顼的后裔受封在荆，以地为国号，迁都于郢后，改国号为楚，楚国被秦所灭后，沦为平民的楚室后代以楚为姓氏。楚姓名人：楚衍，宋代数学家、天文学家。

【闫】

闫姓为阎姓的别支，闫、阎二姓同出一源，以姬仲奕的封地名为姓。

【法】

战国时，齐襄王名法章。秦国灭齐后，齐国的公族子孙为避祸，遂以祖上名中的法字为姓。法姓名人：法正，三国时刘备的谋臣。

【汝】

东周初期，周平王封小儿子于汝邑，其后人遂以汝为姓。汝姓名人：汝郁，东汉鲁相，“二十四孝”之一。

【鄢】

古代有鄢邑。春秋时郑在公讨伐共叔段于此，鄢人子孙遂以鄢为姓。鄢姓名人：鄢颇，中国内地男导演。

【涂】

古代有涂水，在这里居住的居民以水名为姓氏。又说夏朝时有涂山氏，其后人省去山字，以涂为姓。涂姓名人：涂一榛，明臣，史学家。

【钦】

古渔阳乌桓部落中有钦姓，可能起源于乌桓部落。

段干 百里 东郭 南门

【段干】

春秋时，哲学家老子李聃的裔孙在魏国为将，受封于段干，其后人遂以段干为姓。

【百里】

春秋时，秦国大夫百里奚的后人以百里为姓。百里姓名人：百里奚，秦国大夫，著名政治家，思想家。

百里奚

【东郭】

周朝时，一座城池有内城和外城，外城称郭。当时齐国公族大夫有居住在国都临淄东郭的，遂以东郭为姓。东郭姓名人：东郭延年，东汉道术家。

【南门】

古代居住在南城门一带的居民有的以南门为姓。一说夏代置有管理南城门的官职，其后人以南门为姓。

呼延 归 海　羊舌 微生

【呼延】

古代匈奴人有的家族称呼衍氏，入中原后改为呼延，其后人遂以为姓。呼延姓名人：呼延赞，北宋名将。

【归】

周时有胡国，其君族为归姓。后来胡国被楚所灭，其国君的后人有的以归为姓。归姓名人：归有光，明代著名文学家。

【海】

春秋时，卫国有大臣海春，其后人皆姓海。海姓名人有：海瑞，明代清官。

海　瑞

【羊舌】

春秋时，晋国靖侯的后人，有的受封于羊舌邑，其子孙遂以羊舌为姓。

【微生】

春秋时，鲁国有贵族微生氏，认为其祖先出生于微家，故其子孙以微生为姓。微生姓名人：微生高，孔子的弟子，以守信闻名。

岳帅缑亢　况后有琴

【岳】

上古时设有“四岳”官职，四岳官的后人以岳为姓。岳姓名人：岳飞，南宋抗金名将、词人。岳钟琪，清朝著名将领。

【帅】

古代管理音乐工作的官员称师，晋国有师旷，鲁国有师乙，其子孙以师为姓。后因晋景帝的名字有师字，为避讳，将师字去掉一横，改姓帅。

【缑】

周朝时，有大夫受封于缑邑，其后世子孙遂以缑为姓。缑姓名人有：缑玉，汉代孝女。

【亢】

春秋时卫国大夫三伉的后人以亢为姓。

【况】

三国时，蜀中有一位名人况长宁，其后人皆姓况。况姓名人：况周颐，清末著名词人。

【后】

相传炎帝的后代有子叫句龙，担任后土（掌管山川土地农业生产），其后代以“后”为姓。后姓名人：后处，孔子的学生。后苍，汉代经学家。

【有】

远古时期，人们为逃避猛兽的侵袭，就长期住在树上，这些发明巢居的人们被称为有巢氏，有巢氏的后代以有为姓，世代相传。有姓名人：有若，孔子学生。有禄，汉代尚书令。

【琴】

春秋时，卫国有人名琴牢，是孔子的弟子。琴牢的后人以琴为姓。琴姓名人：琴牢，孔子学生。

梁丘 左丘　东门 西门

【梁丘】

春秋时有卿大夫封邑在鲁国的梁丘，后代遂以邑名梁丘为姓。

【左丘】

相传春秋时鲁国太史左丘明因家中世代为左史，故姓左叫丘明。另说他因家住左丘，故以左丘为姓。今天复姓左丘的人，皆以左丘明为先祖。

【东门】

春秋时鲁庄公之子遂，字襄仲，因住在都城东门，世称东门襄仲，其后代遂以东门为姓。

【西门】

春秋时郑国有大夫住在都城西门，子孙后代便以西门为姓。西门姓名人：西门豹，战国时期魏国邺令，著名的政治家、水利家。

商牟佘佴　伯赏 南宫

【商】

战国时卫国鞅在秦国两次实施变法，并因战功受封商十五邑，人称商鞅，他的子孙后代遂以商为姓。

【牟】

春秋时期有牟子国，相传是帝喾火官祝融后裔的封国，国人以牟为姓。

【佘】

起源不详，因古代有余字无佘字，或从余姓演化而来。佘姓名人：佘赛花，北宋名将杨继业之妻，封号佘太君。

【佴】

佴姓起源不详，最早见于史册的，是晋代《山公集》的佴湛。

【伯】

相传伯益被舜命为掌管山泽的虞官，后因助禹治水有功而被禹选为继承人，却被禹的儿子启所杀，伯益的后代为了纪念先祖，遂取伯字为姓。伯姓名人：伯牙，春秋时著名的善琴之人，其作品《高山流水》与钟子期的“知音”佳话，传唱千古。伯乐，春秋时人，善相马。

【赏】

春秋时吴国建都吴中，赏姓是当时的“吴中八姓”之一。

【南宫】

鲁国大夫孟僖子的儿子仲孙阅，因居于南宫遂以南宫为姓，其子孙后代沿用此姓。南宫姓名人：南宫适，西周著名贤者、重臣，“文王四友”之一。

墨哈谯笪　年爱阳佟

【墨】

商朝时，孤竹国国君名墨胎，其后世子孙以墨为姓。墨姓名人：墨翟，战国时著名思想家。

【哈】

我国少数民族回族的姓氏之一。约在元代时中原开始有此姓。

【谯】

召公奭之子盛受封于谯，其后人遂以谯为姓。谯姓名人：谯周，三国蜀国大臣。

【笪】

来历不详。最早的文字记录是宋朝，有进士笪深。

【年】

年字与严字读音相近，易混读。古代有一支严姓的子孙，因字音讹传，而以年为姓。年姓名人：年羹尧，清代名将，曾任抚远大将军。

【爱】

唐代西域有回鹘（唐初称回纥）国，其国相名邪勿。后来回鹘国成为唐朝的附庸国，国相邪勿来到中原，唐朝皇帝赐他姓爱，名弘顺，其子孙遂以爱为姓。爱姓名人：爱薛，元代学者。

【阳】

东周时，周景王封其小儿子阳樊，其后人因避祸乱到了燕国，以祖上封地阳为姓。阳姓名人：阳孝本，宋代大学者。

【佟】

在今辽宁省境内鸭绿江支流，元明时期称佟佳江，当地人以地名为姓，称佟佳氏。其后人改为单姓佟。佟姓名人：佟大为，中国著名演员。

第五 言福　百家姓终

【第五】

汉高祖刘邦即位后，为了削弱地方豪强势力，把战国时的齐、楚、燕、韩、赵、魏六国王族后裔迁徙到关中。其中齐国贵族田氏，因族大人多，故改变了原来的姓氏，而以第一氏、第二氏至第八氏来划分。第五氏即其中的一氏，其后人以第五为姓。第五姓名人：第五尝，汉朝太守。第五伦，东汉名臣，官拜司空。

【言】

春秋时，吴国有人叫言偃，字子游，是孔子的弟子，其子孙以言为姓。言姓名人：言菊朋，蒙古族，现代京剧表演艺术家。

【福】

春秋时，齐国有大夫福子丹，其后世子孙皆以福为姓。福姓名人：福康安，清代著名将领。